보통 사람들을 위한 창조성 수업

창의성이 없는 것이 아니라 꺼낼 배짱이 없는 것이다

보통 사람들을 위한
창조성 수업

초판 1쇄 인쇄 2020년 10월 10일
초판 1쇄 발행 2020년 10월 15일

지은이 | 신성권
펴낸이 | 임종관
펴낸곳 | 미래북
편   집 | 음정미
본문 디자인 | 디자인 [연:우-]
등록 | 제 302-2003-000026호
본사 | 서울특별시 용산구 효창원로 64길 43-6 (효창동 4층)
영업부 | 경기도 고양시 덕양구 화정로 65 한화오벨리스크 1901호
전화 02)738-1227(대) | 팩스 02)738-1228
이메일 miraebook@hotmail.com

ISBN 979-11-88794-65-2 (03320)

CREATIVENESS CLASS

보통 사람들을 위한

창조성
수△업

창의성이
없는 것이 아니라
꺼낼 배짱이
없는 것이다

신 성 권 지음 ──

MIRAE
BOOK

작은 천재들을 위한 헌사

필자가 이 책을 집필할 때는 천재들의 창조적 정신세계를 적나라하게 다룬 내용의 원고를 앞서 완성하여 출판사와 계약을 맺은 상태였다. 그 책은 천재 현상에 대한 독자들의 지평을 확장시킴으로써 그동안 사회가 간과해 왔던 개인들의 독특한 기질에서 천재성의 실마리를 발견하고 그것이 (앞으로 우리가 맞이할 새로운 산업 시대에) 온전한 창조성으로 발현될 수 있도록 하는 것에 목적이 있었다. 하지만 특별한 정신을 타고난 소수의 사람들만을 중점적으로 다루고 있다는 점에서, 평범한 정신을 타고난 대다수 독자들이 창조성을 발휘하는 데 실용적인 도움을 줄 수 있는 책의 집필에 대한 필요를 느끼게 되었다. 어쨌든 이 세상은 평범한 보통 사람들이 대다수를 차지하고 있으며, 보통 사람들의 창조성이 모여 비범한 결과를 초래하기도 하기에, 필자는 펜을 다시 집어 들고《보통 사람들을 위한 창조성 수업》의 원고를 완성하게 된 것이다.

필자는 일부러 두껍지 않은 책을 썼다. 이 책의 목적은 독자들이 내면에 숨겨진 참된 자아를 찾아 여정을 떠나게 하고, 창조성을 회복시키는 것에 있다. 어떤 치밀한 연구나 학술적인 목적을 위한 것이 아니다. 만약 창조성에 대한 고리타분한 이론과 학자들의 이름이 불필요하게 개입된다면 책의 분량은 많아지고 지루해질 것이며, 독자들은 책을 읽다가 덮게 될 것이다. 그래서 최대한 창조성의 본질만 추려 전달할 필요가 있었다. 그래야만 독자들이 빠른 시간 안에 창조성의 핵심을 파악하고, 이 선명한 자극을 계기로 삶에 변화를 초래할 다양한 시도들을 하게 될 것이기 때문이다.

이 책을 반드시 목차의 순서에 따라 읽을 필요는 없다. 자신에게 가장 필요한 부분, 자신이 직면한 문제와 관련이 있는 부분, 손이 가는 부분부터 읽어도 좋다.

이 책은 보통 사람들을 위한 창조성 수업이다. 창조성은 천재들만의 전유물이 아니며, 평범한 사람들도 발휘할 수 있는 것이다.

당신에게는 특별한 재능이 없는가? 그래서 창조성을 발휘하는 것이 자신과는 전혀 관련이 없는 별개의 이야기로 느껴지는가?

창조성을 특별한 예술적, 지적 재능으로만 생각하는 사람들이 많다. 창조성을 발휘한다고 하면 사람들은 바로 피카소와 같은 극단적인 천재를 떠올린다. 하지만 창조성은 특별한 소수의 사람들만이 누릴 수 있는 전유물이 아니다.

창조성을 발휘한다고 해서 꼭 엄청난 아이디어를 내야 한다거나 한 분야에서 극단적인 천재가 될 필요는 없다. 우리는 특별한 재능으로서의 창조성과 자기 실현으로서의 창조성을 구분할 필요가 있다.

창조성을 분출하는 것은 우리가 육체적 생존을 위해 숨을 쉬고 음식을 섭취하는 것처럼, 우리의 정신적 생존을 위해 매우 중요한 것이다. 우리는 반복되는 일상 속에서 남들과 같은 일을 하더라도 남들과 다른 방식으로 생산성을 낼 수 있다. 이것이 자기 실현으로서의 창조성이다. 특별한 재능으로서의 창조성과 자기 실현으로서의 창조성 중 어느 쪽에 무게를 두든 자신의 본질을 이 세상에 가장 용감하고 탁월하게 표현하는 사람이 곧 진정한 예술가다. 모든 인간은 창조적 잠재력을 품고 있으며, 그것을 최대한 이끌어 내면 누구나 비범한 결과를 맞이할 수 있게 된다.

남다른 창조성을 발휘한 사람들이 반드시 유별난 재능을 타고났던 것은 아니다. 오히려 영재성을 타고났지만 자신의 비범한 재능을 기존에 주어진 고착화된 평범한 방식으로만 사용하는 것에 익숙해져서 창조성을 잃은 경우도 많다.

타고난 재능에 상관없이 창조적인 삶을 사는 사람들에게는 다음과 같은 세 가지 특징이 있다.

첫째, 자신의 정체성을 제대로 알고 있다. 이들은 외부에서 정해 준 각본대로 움직이지 않는다. 자신이 좋아하는 것, 끌리는 것에 과감히 집중한다. 자신의 고유성을 표출하는 것에 거리낌이 없으며, 다른 사람들의 눈치를 보지 않는다. 자신의 정체성을 아는 사람은 실패에 따르는 두려움보다 자신의 참된 자아가 억압되었을 때 초래되는 공허감을 더욱 경계하므로 남과 다른 길을 가더라도 그것을 잘 인내한다. 머릿속의 '창의'를 현실 세계에서의 '창조'로 이끌어 낼 수 있는 것이다.

인간은 자신의 정체성과 부합하는 목표를 추구할 때 열정을 얻을 수 있고, 그 열정은 근시안적이며 냉소적인 세상 사람들로부터 당신을 지켜 줄 것이다.

둘째, 자신이 정말 창조적이라고 믿는다.

어쩌면 자기 자신이 창조적이라고 믿는 태도 자체가 재능일 수 있다. 오직 자신을 믿는 사람만이 남들이 쉽게 할 수 없는 생각을 떠올리고, 쉽게 도전할 수 없는 것을 행하기 때문이다. 누구든지 스스로 창조적으로 되고자 노력할수록 자기발전의 기회를 더욱 많이 얻게 될 것이다.

셋째, 창조성의 도구와 기술을 가지고 있다.

타고난 정신이 비범하여 저절로 창조적이게 된 천재들도 있지만, 평범한 사람이라도 획기적인 아이디어를 떠올리고 그것을 현실화할 수 있는 여러 가지 기술을 연마하면 보통 사람의 범주를 결국 넘어설 수 있게 된다. 필자는 이들을 작은 천재들, 즉 'Semi-Genius'라고 부른다. 이들은 제일 하급의 천재라고 해도 평범한 이들보다 월등한 창조력을 발휘한다.

모든 예술은 그 자체로 독창적으로 보이지만 나름대로의 형식과 기술이 존재한다. 창조의 형식과 기술을 연마하는 것은 재능을 타고나는 것 못지않게 중요하다.

필자는 이 책을 읽는 모든 독자들이 내면에 잠든 진정한 자신의 모습을 되찾고 자신의 창조력을 회복하길 바란다. 여러분의 도약을 기원한다.

차례

창조의 기술

참된 자아를 찾아서

창조성을 논할 때 가장 중요한 요소는 배짱이다.
다른 요소가 모두 갖추어져 있어도 배짱이 없으면 아무런 소용이 없게 된다.
우리는 자신만의 고유한 경험과 사상을 나와 의견을 달리하는 사람들 앞에서 당당하게 드러내고
그것을 버티는 훈련을 해야 한다. 우리는 창조적 시도에 따르는 두려움보다
자신의 정체성을 억압했을 때 따르는 공허함을 더 경계해야 한다.

자기계발의 함정

아는 것만으로는 충분하지 않다. 적용할 줄 알아야 한다.
의지만으로는 충분하지 않다. 실천해야 한다.

- 괴테

자기계발이란 자기 내면의 탐구를 통해 재능이나 사상 따위를 일깨워 자신의 인생은 물론 가정과 조직, 넓게는 사회를 변화시키는 일련의 과정이다.

자기계발을 한다는 것은 그 자체로 권장할 만한 일이고 멋진 일이다. 누구나 남다른 인생을 살고 싶어 하는 욕망이 있다. 자신의 재능을 마음껏 펼치고 사람들을 이롭게 만듦으로써 사회적인 인정과 존경을 받고 싶어 한다. 그래서 수많은 사람들이 자기계발에 몰두한다. 서점에도 자기계발 서적이 넘쳐난다.

다 좋다. 하지만 자기계발에 있어 사람들이 흔히 빠지는 함정 세 가지가 있는데, 필자는 이 책을 본격적으로 시작함에 있어

이 부분을 먼저 지적하고 넘어가려 한다. 독자들도 스스로 점검해 보길 바란다.

첫째로 자기계발에 '자기(self)'가 없다. 자기가 진정으로 원해서 계발을 하기보다는 사회가 요구하는 조건에 들기 위해서, 남에게 보이기 위해서 맹목적으로 자기계발에 매달리는 경우가 많다. 더 최악인 것은 외부의 조건에 부응하기 위한 자기계발을 하고 있음에도 자신이 원해서 자기계발을 하는 것으로 착각한다는 것이다. 보통 자기계발을 한다고 하면 가장 많이 하는 것이 영어 공부와 운동이다. 물론 영어 공부를 하는 것과 운동을 하는 것이 잘못되었다고 말하는 것은 아니다. 자신에게 필요한 것이라면 어떠한 것이든 열심히 하는 것이 좋다. 하지만 남이 하기 때문에 생각 없이 따라하는 자기계발은 진정한 자기계발이 아니다.

맹목적으로 자기계발을 하는 이들은 감각적으로 무엇인가 잘못되어 가고 있음을 느끼고 있음에도 그것을 인내의 과정으로 합리화하고 만다. 예를 들어 "뭔가 공허하지만 나는 매일 영어 단어를 30개씩 암기하고 있으므로 꾸준히 자기계발을 하고 있다."가 되어버리는 것이다. 맹목적인 자기계발은 오래가지 못한다. 본래 자신이 원했던 것이 아니기 때문이다. 자기 내면에 대한 탐구를 생략해버리고 단지 누구나 하는 자기계발, 단순히 남들을 따라하는 자기계발은 아무리 노력해도 삶이 풍족해지기는커녕 피폐함과 공허함만을 남길 뿐이다. 그 공허한 감정 때문에 자기계발을 무익한 것으로 여기게 되고 결국엔 모든 것을 중단하고 만다.

자기계발에는 치열한 내적 탐구과정이 반드시 들어 있어야 한다. 그래야만 자신의 정체성에 부합하는 목표를 세우고, 또 그러한 목표를 추구하면서 땀을 흘려야 자기 삶의 만족도가 높아질 수 있다. 주변의 차가운 시선이나 비아냥거림에도 아랑곳하지 않고 점점 성장해 나가는 자신을 발견할 수 있게 된다.

둘째로 다른 사람의 노하우나 동기 부여 콘텐츠에만 몰두한다. 충분한 고민을 통해 자신만의 꿈이나 목표를 세웠다면 실제로 계획을 세우고 노력을 해야 한다. 뿐만 아니라 자신이 목표에 얼마나 다가가고 있는지 체크해야 한다.

하지만 자기계발은 하고 싶지만 고생하는 것은 싫어하는 사람들은 자기계발에 대해 공부하는 것을 자기계발을 하는 것으로 착각한다. 이는 체중을 감량하기 위해 다이어트를 공부하는 것에 비유할 수 있다. 물론 효과적으로 체중을 감량하기 위해서는 먼저 다이어트를 위한 공부를 해야 한다. 식단은 어떻게 꾸려야 할지, 운동은 어떻게 얼마나 해야 할지, 단기간 다이어트에 성공한 사람들은 어떠한 노하우를 가지고 있는지 등에 대해서 말이다. 하지만 이것은 초기에 계획을 세우는 과정에서 끝낼 일이다. 공부를 했으면 실제로 뛰어야 한다. 직접적인 식단 조절이나 운동은 하지 않으면서 다이어트에 대해 공부하는 것 자체를 다이어트를 하는 것으로 착각해서는 결코 체중이 줄어들리가 없다.

자기계발도 마찬가지다. 자기계발을 하는 사람들이 흔히 빠지는 함정 중 하나는 다른 사람의 노하우나 동기 부여 콘텐츠는 매일 즐겨 보고 들으면서 정작 직접 구체적인 행위는 하지 않는다는 것이다. 한 사람의 노하우가 모든 이에게 똑같이 적용되는 것은 아니다. 직접 시도해 보고 시행착오를 겪으면서 자신만의 노하우를 만들어 내야 한다. 동기 부여 영상은 중간에 잠시 정신력이 약해졌을 때, 의지를 다질 일이 생겼을 때 활용하는 것이지, 매일같이 의존하면서 의욕만 다지는 것은 결코 자기계발이라고 볼 수 없다.

이 세상에 열정이 부족해서 성공하지 못하는 사람은 별로 없다. 목표에 대해 많이 생각하는 것, 많이 말하고 다니는 것 자체를 의욕이나 열정이라고 할 수는 있지만, 목표에 도달하기 위해 그것을 실제로 행하는 사람만이 차별화된 미래를 맞이하게 된다.

마지막으로 자기계발의 동기가 잘못된 결핍에 있다는 것이다.

필자는 결핍이라는 단어 자체를 부정적으로 보지 않는다. 인류는 '결핍'이라는 감정 덕분에 이 정도까지 발전해 올 수 있었다. 결핍은 현실에 만족하지 못하고 더 나은 미래를 꿈꾸게 해 준다. 인간이 비약적인 발전을 하는 데 있어 '결핍감'이라는 것은 강력한 동기를 제공해 주며, 또 반드시 필요하다.

하지만 잘못된 결핍감이라는 것에 문제가 있다. 사람들이 자기계발을 하는 가장 흔한 동기는 다른 사람과의 비교에서 비롯된다. 다른 누군가가 어떠한 재능이 우수하여 사람들에게 인정을 받으면 그것에 바로 결핍감을 느끼고는 그것을 신장시키고자 덤벼드는 것이다. 결핍감은 자신이 진정으로 필요한 부분에 대해서 느껴야 한다. 그러한 결핍감을 가지고 세상에 덤벼야 진정한 만족감을 얻을 수 있다.

하지만 단순히 타인과 비교하여 얻은 결핍감은 건강하고 지속적인 자기계발과 거리가 있다. 단지 남에게 보이는 것, 인정받는 것을 목적으로 하는 자기계발에는 '자기'가 없다. 계속 누군가의 인정을 구걸하게 되고, 그 모습은 열등감의 징후로서 사람들에게 표출될 뿐이다.

진정한 자기계발을 하기 위해서는 자신의 정체성을 먼저 알아야 하고, 그것에 부합하는 방향의 목표를 세워야 하며, 계획을 실행하는 데 추진력이 있어야 한다.

방향과 추진력이 핵심이다. 방향이 틀리면 공허하고, 추진력이 없으면 현실적인 아웃풋을 만들어 내지 못하고 중도에 포기하게 된다. 방향이 확실하면 아웃풋을 설정하는 것이 좋다. 인풋만 있는 자기계발은 헛바퀴를 돌리는 것과 같아서 중도에 포기할 공산이 크다.

왜 창의성이 아닌 창조성인가?

생각하는 것은 쉬운 일이다. 행동하는 것은 어려운 일이다.
생각한 대로 행동하는 것은 더욱 어려운 일이다.

– 괴테

이 책의 제목은 《창의성 수업》이 아닌 《창조성 수업》이다. 그
렇다면 왜 '창조성'인가? 창의성과 창조성은 같은 개념이 아니
었나? 다르다면 어떠한 차이가 있는가?

사실 창의성과 창조성은 서로 구분 없이 사용되는 경우가 많
지만, 엄밀히 따지고 보면 완전히 같은 개념은 아니다. 분명한
차이가 있다.

먼저 사전적 의미를 살펴보자.

창의(創意) : **새로운 의견을 생각해 냄.**

창조(創造) : **전에 없던 것을 새로 만듦.**

'창의'에서 '의(意)'는 '뜻'과 '의견'을 의미한다. 창의는 새로운 아이디어를 생각해 내는 것으로서 굳이 결과물이 없어도 상관없다. 창의는 무형의 생각을 만들어 내는 것까지를 의미한다.

'창조'에서 조(造)는 '제작'을 의미한다. '창조'는 기존에는 없던 생산물이 만들어져야 한다. 무형의 생각을 토대로 유형적인 결과물을 만들어 내야 한다. 단지 어떠한 획기적인 아이디어를 떠올린 것만 가지고는 창조라고 할 수 없다.

공상을 즐기면서 획기적인 아이디어를 자주 떠올리는 사람은 창의성이 뛰어난 사람에 지나지 않지만, 그 아이디어를 유형적 형태인 문학이나 비문학의 형태로 가공하여 작품을 만들면 작가가 된다. 그래서 작가는 '창의'하는 사람이 아니라 '창조'하는 사람이다. 음악가, 사상가, 화가도 마찬가지다. 내면에서 떠오른 아이디어를 펜이나 붓, 악기 등을 통해 표출함으로써 '작품'이라는 결과물을 생산하기 때문이다. (물론 창조의 본질이 작품 자체가 아닌, 작품 너머 배후에 존재하는 관념에 있다는 견해도 존재한다.)

특별한 재능으로서의 창조성이 아닌 자기 실현으로서의 창조성을 발휘하는 사람도 마찬가지다. 이들은 예술가들처럼 유형적인 작품을 만들어 내는 것은 아니지만, 스스로가 자기 인생의 주체가 되어 자기 삶을 조형한다. 그래서 이들은 자신의 삶을 조형하는 예술가이며, 이들의 삶은 그저 주어진 각본에 따라 사는 사람들의 삶과 확연히 다르다.

"너는 정말 ( )이 뛰어난 것 같아. 어떻게 그런 획기적인 아이디어를 떠올릴 수 있니?"

▶ 괄호 안에 창의성과 창조성 중 어떤 것이 들어가야 자연스러운가?

나는 새로운 장르를 ( )하였다.

▶ '창의'와 '창조' 중 하나만 선택해야 한다면 괄호 안에 어떤 것이 들어가야 자연스러운가?

창의성은 창조에 있어 하나의 과정에 불과하다. 획기적인 아이디어가 머리 밖으로 나오지 못하고 그 안에만 존재하면 창조는 이루어질 수 없다.

우리는 어떻게 하면 창의성을 기를 수 있는지보다 왜 창조적이지 못한지에 대해 더 많이 생각하고 집중해야 한다. 우리는 머릿속의 고유한 생각들을 밖으로 끄집어내야 한다.

획기적인 아이디어가 떠오르는 순간의 흥분감 그 자체가 목적이 되어서는 안 된다. 적절한 후속 조치를 취해야만 창조로 이어질 수 있다.

한국 사람들이 창조성을 발휘하지 못하는 이유는 창의성 부족에 있지 않다. 한국인들은 IQ가 세계 최고 수준일 뿐만 아니라, 이미 풍부한 아이디어를 가지고 있다. 한국인 중에 IQ가 너무 낮다거나 아이디어가 부족해서 창조성을 발휘하지 못하는 사람은 거의 없다. 창의적이지만 창조적이지 못한 사람들이 더 많다. 필자가 책의 제목을《창의성 수업》이 아닌《창조성 수업》으로 지은 이유도 여기에 있다. 우리는 창조성에 집중해야 한다.

그렇다면 우리는 왜 창조적이지 못한가?

우리는 남과 다른 선택을 해야 남다른 인생을 살 수 있다는 말을 지겹도록 들었다. 하지만 우리 대부분은 결국 남다른 선택을 하지 못하고 다수의 무리에 섞여 행진하고 만다. 왜 그럴까?

바로 남과 달라 보이는 것에 대해 너무나 큰 두려움을 느끼기 때문이다.

획일적인 집단주의 문화가 팽배해 있는 곳에서 남과 다르다는 것은 곧 부적응을 의미한다. 모난 돌이 정 맞는다는 말이 있듯 튀는 행동을 하는 사람은 언제나 공격의 대상이 된다. 우리는 남과 다른 것에 대해 두려움을 갖는다. 자신의 고유성을 감당하는 것은 너무나 큰 인내와 용기가 필요한 일이다. 그래서 우리는 내면에 깃든 창조성의 실마리를 그대로 방치해버린다. 자신의 참된 자아(self)를 도외시하고 외부의 사회적 자아인 페르소나(persona)를 자신의 정체성으로 알고 살아가게 된다.

자신의 주장이 다른 사람의 의견이나 집단의 정체성과 양립할 수 있는지를 먼저 걱정해야 하는 사회에서는 자존감 없는 인정 욕구와 허영만이 넘쳐날 뿐이다. 스스로에 대한 자각이 부족한 상태에서 그 빈약한 자존감을 해소하기 위해 남들의 시선 속에서 자신의 가치를 찾으려는 개인들이 자신의 창조성과, 창조적이고자 하는 다른 개인들을 억압하고 있다.

우리는 이것을 극복해야 한다. 그래서 우리는 '창의'가 아닌 '창조'를 공부해야 한다.

이 책이 '창의성'에 초점을 두고 쓰였다면 획기적인 아이디어를 떠올리는 데 도움이 되는 창의성의 도구나 스킬을 중점적으로 다루었을 것이다. 하지만 이 책은 '창조성'에 초점을 두었기에 창의성의 도구를 넘어 내면의 고유성과 획기적인 아이디어를 외부 현실 세계에 표출하고 그것을 버텨내는 데 도움이 될 만한 내용들을 함께 담았다.

'창의'하려는 사람은 아이디어를 머릿속으로 떠올리기만 하면 그만이지만, '창조'하려는 사람은 그것을 외부에 표출해야 하기에 주변 사람들과의 공감대가 자연스럽게 형성되지 않을 수 있음을 각오해야 하고, 대립에 따르는 고통을 회피해서도 안 되기 때문이다.

이 책에서는 '창의성'과 '창조성'을 엄밀히 구분하여 설명했지만, 두 개념이 언제나 구분되어 사용되는 것은 아니다. 사실 구분 없이 사용되는 경우가 허다하다. 문맥에 따라 구분하기 애매한 경우도 많기 때문이다. (필자 역시 이 두 개념을 완전히 구분하여 사용하지는 못했다.) 그러나 우리의 현실을 두고 볼 때 '창의성'과 '창조성'을 구분하는 것은 나름대로 큰 의미가 있다고 생각하기 때문에 책의 제목에 '창조성'이라는 단어를 사용하는 것으로 그 뜻과 의지를 담아냈다.

우리가 원하는 창의적 인재는
정말 창의적인가?

창의성이 비범한 천재는 순진하면서도 명철하고,
원시적 상징이며 엄밀한 논리며, 가릴 것 없이 능숙하다.
그는 보통 사람들보다 더 원시적이면서 더 진보적이고, 더 파괴적이면서
더 건설적이고, 때로는 더 미친 사람 같으면서도 더 정신이 말짱하다.

– 프랭크 배런

    4차 산업 혁명 시대에 있어 '창의성'이라는 것이 얼마나 중요한 것인지는 누구나 다 아는 사실이다. 교육은 창의적 인재를 육성하는 것에 초점을 맞추고 있으며, 기업은 창의적 인재를 선발하는 것에 초점을 두고 있다. 사회의 지도층이나 기업의 경영자들은 창조 경영과 혁신을 외치고 있다. 오늘날 너 나 할 것 없이 모두들 창의성을 외치고 있다. 그런데 정말 이상한 것은 누구나 창의성을 외치고 있음에도 우리가 그것에 대해 아는 것은 별로 없다는 사실이다. 너무나 익숙한 개념이지만 언제나 낯설고 비정형적인 개념이 바로 창의성이다.

    창의적인 인재란 도대체 어떤 인물을 말하는 것일까? 일반인

들의 대답은 이렇다.

"똑똑하고 공부를 잘하며, 리더십이 탁월하고 대담하다."

우리가 기대하는 창의적인 사람은 그 자체로 매력적이다. 남들이 가히 상상도 할 수 없는 아이디어를 내고, 자기 일을 주도적으로 처리하며, 모험심이 투철하여 새로운 시도를 두려워하지 않는 사람이다. 직관이 발달해 있어 사람들이 눈치 채지 못하는 사물의 숨은 관계를 통찰해 내기도 한다. 우리가 생각하는 창의적인 사람은 그 자체로 매력적인 특성을 지닌 존재다.

하지만 창의적 인간들의 이러한 매력적 특성들은 현실에서 전혀 생각지도 못한 모습으로 나타나곤 한다. 반복되는 일에 쉽게 짜증을 내며, 관습과 예절에 대해 다소 냉소적이다. 한마디로 자기주장이 강하고 간섭받기 싫어하는 자기중심적 인간에 지나지 않는 것이다. 심지어 성격이 어딘가 이상해 보이기도 한다.

현실에서 숨 쉬고 있는 창의적 인간들은 우리가 생각하는 이상적 인성과 거리가 멀 수도 있다. 그들이 나쁜 인성을 가졌기 때문이 아니라, 자기 자신에 대해 솔직한 사람들이기 때문이다. 이들은 자신의 고유한 내면을 자유분방하게 표출하며, 남들이 감히 시도하지 않는 것을 과감하게 행하는 경향이 있는데, 바로 이 점이 이들을 배려심 없고 자기중심적인 사람으로 보이게 만들기도 하는 것이다.

캘리포니아 대학교 버클리 캠퍼스의 성격 평가와 조사 연구소에서는 창의성의 특징에 관해 몇 가지 연구를 진행했는데, 이 연구에서 가장 흥미로운 발견은 다음과 같다. 창의적인 사람일수록 (기본적인 대인 관계 기술이 있을지언정) 딱히 사교적이거나 외향적이지는 않았다는 점이다. 이들은 자신을 독립적이고 개인주의적이라고 묘사했다.

창의적인 사람은 새롭고 모호한 것을 인내하며 해결하려는 성질이 있으며, 자신의 독자성이 강해 평가 기준에서 벗어난 것들에 관해 관심을 두는 경우가 많다. 또한 조직의 권위나 전통에 대해 의문을 제기하고 도전적인 태도를 보이기도 한다. 길들여지지 않은 자유분방함, 틀에 박히지 않는 독창적인 사고방식과 독특한 질문이야말로 창의적인 사람의 장점이자 경쟁력이다.

하지만 안타깝게도 창의적이지 못한 대다수의 사람들은 창의적인 인재를 추구하면서도 창의적인 소수의 사람들을 알아보지 못한다. 특히 우리나라처럼 유교 사상이 뿌리박혀 있고 집단주의적 사고가 강한 문화에서는 그러한 경향이 더 짙다. 홀로 튀기보다는 다른 사람과 어우러지기 위해 노력하고 대세를 거스르지 않는 것을 미덕으로 가르치는 문화에 길들여진 탓이다.

묻겠다. 당신은 당신의 자녀가 너무나 창의적인 나머지 기존의 전통과 규범을 무시하고 튀는 행동만 골라서 하지만, 언젠가는 위대한 인물이 되어 국가에 커다란 공헌을 할 것이라는 사실을 견딜 수 있겠는가?

이 물음에 대한 대다수 사람들의 답변을 한 문장으로 요약하자면 다음과 같다.

"내가 나의 자녀에게 바라는 창의성은 예의바르고, 주어진 의무에 성실하며, 현실과 무난히 타협할 수 있는 창의성이다."

그러면서 예시로 드는 인물이 아인슈타인이고, 스티브 잡스다.

상당히 황당한 이야기가 아닐 수 없다. 이들이 어딜 봐서 적당히 창의적인가?

이들은 하나같이 주변 사람들을 당황스럽게 만들었다. 다시 말해 엉뚱한 것을 생각해 내고 그것을 세상 밖으로 표출하여 세상을 매우 혼란스럽게 했던 인물들이다. 창의적 인재라는 말보다는 창조적 혁신가라는 말이 더 어울린다.

천재들의 굴곡진 삶과 치열한 창조의 과정을 조사하면서 깨달은 점은 천재들의 업적은 생각했던 것보다 훨씬 더 위대했지만, 인성은 생각했던 것보다 훨씬 더 별로였다는 것이다. 위대한 창조성이 꼭 훌륭하고 모범적인 성격과 관련이 있지도 않았으며, 오히려 주변 사람들을 혼란스럽게 하는 것과 관련이 있었다. 한 분야를 개척하고 이 세상을 바꾸어 놓는 사람들은 대부분 무난한 인성과 거리가 멀었다. 단지 문화가, 사회가 대중을 효율적으로 통제하기 위해 '창조성'에 예의 바름, 성실성, 책임감, 원만한 인간관계 등 온갖 좋은 것들을 가져다 붙여 놓았을 뿐이다. 이들은 결코 주어진 일에만 성실한 사람들이 아니었다. 우리는 이들의 곤란한 면에 대한 언급을 회피하고, 아름다운 가상의 인물로 만든 뒤 이를 앞으로 자라날 어린아이들에게 주입하고 있다.

결국 우리가 육성하는 창의적 인재라는 것은 미래에 창조성을 발휘할 아인슈타인이나 스티브 잡스가 아니라 대한민국에 이미 널리고 널린 모범생들이 아닌가?

기업에 묻겠다.

창의적인 인재를 원한다면서 결국 말 잘 듣고 권위에 순응적인 인재를 원하는 것은 아닌가?

교사에게 묻겠다.

당신이 창의적이라고 생각하는 학생들은 정말 창의적인가?

단지 성적이 우수하고, 당신의 말에 눈치 빠르게 순종하는 학생들은 아닌가?

한국은 대세를 거스르기보다는 다수 의견에 동조하고 남을 닮아가는 것이 좋은 인성이라고 가르치고 있다. 우리는 무엇을 해도 된다는 규칙보다는 무엇을 하지 말아야 한다는 규칙을 먼저 배우고 익숙해진다. 아이가 어른에게, 하급자가 상급자에게 반론을 제기하면 권위에 대한 도전으로 받아들여진다. 바람직한 인성을 위해 교육이 시급한 사람으로 분류되고 만다. 대화의 흐름 속에 등장하는 개인들의 주장이 논리적인가, 실용적인가,

독창적인가 하는 본질의 영역은 간과되고, '형식적 권위'와 같은 전혀 본질적이지 않은 영역이 주장의 타당성과 유용성을 평가하는 강력한 잣대로 작용한다. 도무지 혁신과 창의가 머물 공간이 존재하지 않는다. '올바름'의 압력은 개인 내면의 고유성을 억압하고 대세에 순응적인 사람들을 양산했다.

창조적 잠재력을 지닌 인재를 발굴하고 싶다면 한 개인의 평범치 않은 사회적 태도를 문제 삼기보다는 그 내면의 본질을 보려는 노력이 필요하다.

사회는 창조적 에너지를 받아들일 수 있을 정도로 탄력적이어야 한다. 하나의 모범적인 기준을 가지고 개개인의 자유로운 사고방식과 개성을 억압한다면 현 체제를 안정적으로 유지할 수는 있을지언정 앞으로 다가올 새로운 유형의 산업에 제대로 대처하지 못하게 된다.

우리는 왜 창조성을 발휘하지 못하는가?

사람들은 뛰어난 창의적 사고 능력을 갖고 있기 때문에
자신을 위한 탄탄대로를 개척하거나 또는 대체할 수 없는 중요한 인물이 된다.

－ 프리드리히 니체

'창의성을 어떻게 기르는가?'보다는 '왜 대다수의 사람들은 창조성을 발휘하지 못하는가?'가 더 근본적인 질문이라고 생각한다. 인간은 모두 창조적 욕망을 가지고 있는데, 대체 이를 어디다 팔아먹었으며, 모두 절름발이가 된 경위는 무엇이란 말인가?

인간에게 있어 창조는 자연스러운 본능이다. 인간을 제외한 동식물과 미물들은 종(種)의 일반적 특성을 연구하면 거의 대부분 예측 가능하다. 하지만 지성이 발달한 인간은 동일한 환경 속에서도 다르게 행동할 가능성을 지닌 존재다. 즉 인간은 다른 종보다 고유성이 강하고 개성이 강하다. 똑같은 밤하늘의 달을 보면서도 누구는 슬프고 쓸쓸한 감정을, 누구는 맑고 기쁜 감정을 느끼게 된다.

인간은 똑같은 대상을 보고도 전혀 다른 해석을 할 수 있다. 표면적으로 비슷한 반응을 보이더라도 그 누구와도 완전히 똑같을 수는 없다.

남들과 다른 무엇, 이것이 바로 창조성의 씨앗이다.

인간은 누구나 자신만의 고유성이 있다. 그리고 그것을 드러내고 인정받고 싶어 하는 욕구가 있다. 고유한 정신을 지닌 인간에게 있어 창조적 본능은 자연스러운 것이다. 창조성을 발휘하는 것은 우리가 육체적 생존을 위해 숨을 쉬고 음식을 섭취하는 것처럼 정신적 생존을 위해 매우 중요한 것이다.

그런데 우리는 왜 창조성을 상실하였는가? 크게 두 가지 이유가 있다.

먼저, 사회에 적응하기 위해 만든 가면을 진정한 자기 자신이라고 믿는 데서 원인을 찾을 수 있다.

인간은 성장하면서 점점 사회화되어 가고 외면으로 보이는 자아인 에고(ego)가 강하게 형성되면서 진정한 자기 자신(self)이 내면의 가장 깊은 곳으로 방치되고 만다. 그래서 대부분의 사람들은 그 존재 자체를 인식하지 못하며, 자신의 정체성을 내면의 세계가 아닌 외부의 현상계에서 찾으려고 한다. 다른 사람들이 자신에 대해 가지고 있는 이미지를 진정한 자신이라고 생각한다. 하지만 에고(ego)는 자신을 향한 사회적 이미지들의 종합일 뿐 진정한 자기가 아니다. (특히 한국인들은 자신을 향한 '타인의 시선'에 매우 집착하며, 그것을 자신의 정체성으로 여기는 경향이 있다.)

진정한 자기 자신을 되찾지 못한 사람은 자신이 독수리임에도 병아리처럼 행동하게 된다. 진정한 자신을 버리고 사회가 정해 준 모범적인 길을 맹목적으로 추구하게 되는 것이다. 에고(ego)에 대한 집착은 진정한 자기 자신을 버리고, 규격화된 성공의 기준을 좇게 만든다. 규격화된 성공의 기준을 좇게 되면 그만큼 창조성에서 멀어지게 된다.

둘째, 실패에 대한 두려움 때문이다.

창의적인 아이디어는 성공할 확률보다 실패할 확률이 더 높다. 창조에 있어 실패는 필수적인 것이다. 거기다 비정형적인 재능이기 때문에 정확히 예측하는 것이 불가능하다. 창조성을 발휘한다는 것은 타고난 재능도 중요하지만, 미지의 세계를 향해 나아가는 데 따르는 두려움을 극복한다는 것을 의미한다.

그러나 한국 사회는 실패에 관대하지 못하다. 실패를 하나의 경험으로 봐 주는 것이 아니라, 재능의 결여로 보고 낙인을 찍는다. 애초부터 안 될 사람으로 낙인이 찍히는 것이다. 그래서 한국 사람들은 우수한 창의성을 가지고 있음에도 집단의 눈치를 봐야 하며, 실패하지 않을 수 있는 안정적인 길만 찾아가기에 창조성을 발휘할 일이 거의 없다. 획일적인 삶, 외부에서 바라 볼 때 무난한 삶을 추구하면 창조성은 그만큼 멀어지는 것이다.

05

정답은 당신 안에 있다

내면을 볼 수 있어야 비전이 분명해진다.
밖을 보는 사람은 잠을 자고, 안을 보는 사람은 잠에서 깨기 때문이다.

－칼 융

세상은 한 개인에 대해 모범적인 여러 가지 것들을 요구한다.
언제나 예의 바르고, 인사성이 밝으며, 분위기를 유쾌하게 만들
고, 의욕적이고, 적극적이며, 자신감이 넘치고, 카리스마가 있는
모습 등을 말이다. 우리는 인정받기 위해, 사랑받기 위해 사회
가 요구하는 기준에 철저하게 적응했다. 내성적인 사람은 외향
적인 사람이 되고자 노력했다.

하지만 외부의 칭찬과 응원에도 불구하고 우리는 내적으로
공허함을 겪고 있다. 때로는 초조하기도 하고 우울하기도 하다.

도대체 왜 이러한 경험을 하는 것일까?

바로 당신이 온전한 자기 자신이 아니기 때문이다.

우리는 어린 시절 거리낌 없이 느꼈고 행동했다. 하지만 우리는 성장하면서 집단이 요구하는 온갖 문화와 이상적인 것들을 학습하고 내면화했다. 그 과정에서 에고(ego)와 페르소나가 강하게 형성되면서 본성의 많은 것들이 내면의 가장 깊숙한 곳으로 밀려나고 말았다.

진정한 자기(self)는 주도권을 상실했다. 사회가 당신에게 요구하는 모범적 이미지의 종합인 페르소나가 당신 인생의 주인 역할을 하기 시작했다. 진정한 당신과 당신이 연기하는 인격 사이에서 초래되는 괴리감이 당신을 공허하게 만들고 있다. 당신을 향한 사람들의 칭찬이나 응원도 그 공허함을 해소해 줄 수 없다. 왜냐하면 그것들은 진정한 당신이 아닌, 당신의 가면을 향해 있는 것이기 때문이다.

자신의 정체성을 모르는 사람, 자신이 이 세상에 무엇을 말하고 싶은지 모르는 사람, 그저 세상이 알려 주는 모범적인 길을 자신의 정체성으로 알고 살아가는 사람들에게서는 독창성을 기대할 수 없다. 아무리 IQ가 높고 명문대학교를 졸업했어도 남이 시키는 것만 하는 머리로는 어떠한 창조적 결과도 기대할 수 없다.

진정한 자기 자신을 되찾았을 때, 이 세상에 무엇인가 말하고 싶은 것이 생기게 되고 창조성이 저절로 발현되게 되어 있다.

삶의 주인이 되고 싶은가? 창조적인 인물이 되고 싶은가?

그렇다면 당신 내면에 있는 참된 자아를 찾아 여정을 떠나라. 무의식의 깊은 곳에 숨겨진 자기(self)를 향한 여정을 떠나라. 그렇지 않으면 당신의 에고(ego)는 당신이 규격화된 성공의 기준을 맹목적으로 추구하게 만들 것이다. 당신이 좋아하는 것을 외면하고 대부분의 사람들이 좋다고 여기는 것들을 추구하게 될 것이다. 자존심은 강하지만 자존감은 약한 사람이 될 것이다.

문제는 당신이 자신 그대로의 모습을 받아들일 준비가 되어 있느냐이다.

당신에 대한 모든 부정적 판단을 중단하고 자기 자신을 있는 그대로 받아들여라. 외부의 기준과 시선에 당신을 종속시키지 마라. 지금 당신이 품고 있는 신념이 당신의 것인지부터 점검하라. 외부에서 주입당한 욕망과 내면의 순수한 욕망을 구분하라. 내면의 이중성을 극복하고 당신의 순수한 욕망과 고유성에 집중하는 순간 새로운 가치와 과업이 당신 앞에 나타날 것이며, 이것이 당신의 삶을 이끌 것이다. 새로운 가치의 발견은 자신의 삶을 변화시키고 더 나아가 사회를 변화시킬 수 있다는 기적 충동으로 이어진다. 이 소명감은 외부에서 갑자기 당신의 마음속으로 들어온 것이 아니라, 본래 당신의 마음속에 존재했던 것이다. 단지 그 힘의 크기와 강렬함이 두렵기 때문에 그것들과 마주하는 것을 회피해 왔을 뿐이다.

자기 내부를 두려워하는 사람은 철저하게 자신을 통제하고 억압한다. 이는 다른 사람들에게도 적용된다. 그래서 다른 사람의 고유성을 인정하지 않으려 하고 통제하려 든다. 그렇게 자신의 창조성뿐만 아니라 타인의 창조성까지 갉아먹는다.

그러나 창조적인 사람들은 자신을 덜 억제하기 때문에 다른 사람의 비웃음이나 비난에 아랑곳하지 않아 자신의 아이디어를 숨기지 않으며 자유롭게 행동한다. 이미 친숙해져 있는 보편적 기준에 집착하지 않는다. 어떠한 사물이나 현상에 대해 성급하게 범주화하거나 유형화하지 않고 깊게 생각하고 몰두한다. 때문에 상대방의 고유성도 존중할 수 있게 된다. 자신의 창조성뿐만 아니라 타인의 창조성까지 존중하게 된다.

정답을 확인했으면 배짱을 발휘하라

한국 사회에서 창조성을 논할 때 가장 중요한 요소는 배짱이다. 다른 요소가 모두 갖추어져 있어도 배짱이 없으면 아무런 소용이 없게 된다.

우리는 자신만의 고유한 경험과 사상을 나와 의견을 달리하는 사람들 앞에서 당당하게 드러내고 그것을 버티는 훈련을 해야 한다. 우리는 창조적 시도에 따르는 두려움보다 자신의 정체성을 억압했을 때 따르는 공허함을 더 경계해야 한다.

역사에 이름을 남긴 창조적 위인들은 하나같이 자신감이 충만해서 배짱을 발휘했을까? 이들 역시 미래에 대한, 실패에 대한 두려움을 가지고 있었다. 창조적인 사람들이 특별한 사람으로서 존경받는 이유는, 그들의 화려한 업적 때문일 수도 있지만, 현실적으로 불리한 여건에도 불구하고 용기를 발휘해야만 하는 길을 선택했기 때문이다. 단순한 재능이나 자신감의 문제가 아니다. 아무리 위대한 혁신가라도 그 당당한 외형을 한 꺼풀 벗겨내면 미래에 대한 두려움으로 내면이 점철되어 있음을 알 수 있다. 단지 그것을 극복할 뿐이다. 그래서 위대한 것이다. 자신감이 있어야만 배짱을 발휘할 수 있다는 생각을 버려야 한다.

자신감을 느낄 수 있는 일에만 배짱을 발휘하겠다는 생각은 당신이 아무것도 이루지 못하게 만든다. 세상이 당신을 어떻게 바라보는지보다 당신이 세상을 어떻게 바라볼 것인지에 더 집중하라.

당신은 자신의 감정에 좀 더 솔직해질 필요가 있고, 당신만의 생각을 자유분방하게 전달할 필요가 있다.

몇 번 시도해 보아라. 다른 사람들의 시선과 뒷담화가 생각보다 별거 아니라는 것을 곧 알게 될 것이다.

고유함을 견뎌라. 고유함이 없는 예술은 예술일 수 없다. 고유함이 없는 예술은 훌륭한 모방품에 불과하다. 자신만의 고유함으로 이 세상에 지극히 예외적인 사건을 일으켜서 도발을 시도

자신의 정체성을 모르는 사람,
자신이 이 세상에 무엇을 말하고 싶은지 모르는 사람,
그저 세상이 알려 주는 모범적인 길을
자신의 정체성으로 알고 살아가는 사람들에게서는
독창성을 기대할 수 없다.

하는 것이 바로 예술이다.

우리에게는 두 가지 선택지가 있다. 하나는 사회가 요구하는 틀 안에서 안정적이지만 억압된 자아를 가지고 사는 것이고, 다른 하나는 자신의 삶에서 어떠한 부분을 바꾸고 새로운 길을 열어나가는 것이다. 당신의 창조성을 애써 무시하든지 창조의 길로 가든지 선택해야 한다.

당신이 두려워하는 곳에
막대한 에너지가 숨어 있다

우리 모두의 내면에는 우리가 모르는 또 하나의 자신이 있다.

– 칼 융

인간이 진정한 자기를 찾아 떠나는 내면의 여정에서 절대로 회피할 수 없는 과제가 있다. 바로 자기 내면에 숨어 있는 괴물을 만나는 것이다. 그 괴물은 당신을 참나(self)가 있는 곳으로 안내할 것이다. 당신이 이 괴물을 두려워하여 회피하면 자기 실현은 결코 이루어질 수 없다.

당신이 두려워하는 것, 피하고 싶은 것을 마주하라.
그곳에 당신이 모르는 당신이 존재한다.

지성을 지닌 인간은 모두 내면에 어두운 면이 존재한다. 이 어두운 면을 어떻게 활용하느냐가 창조적인 사람과 그렇지 않은 사람의 구분을 만들어 낸다. 당신 내면의 어둠은 온갖 은밀한 욕망과 판타지, 공격성 및 충동성으로 가득 차 있다. 심리학자 칼 융은 이를 '그림자(shadow)'라고 불렀다.

우리는 사회적 동물로서 이상적인 규범과 문화를 학습하고 내면화했지만, 그림자는 여전히 내면의 깊은 곳에 잔존한다. 이 그림자를 한쪽 구석에 내던져 두고 계속 방치하면 언젠가는 사회적 가면의 가장 빈약한 부분을 뚫고 달갑지 않은 형태로 불쑥 튀어나오게 된다. 그 그림자가 짙으면 짙을수록 더욱더 폭력적이고 과격한 형태로 표출된다. 온순하고 합리적이며 배려심 깊은 인품의 소유자가 갑자기 전혀 다른 사람으로 돌변하여 주변을 놀라게 하는 경우를 우리는 많이 목격한다.

우리는 그림자를 어렴풋이 느끼지만, 그것을 애써 확인하려고 하지 않는다. 의식 세계 아래의 미지의 세계에 어떤 괴물이 있는지 확인하는 것은 매우 두려운 일이기 때문이다. 자신이 몰랐던 자기를 확인하는 것은 두렵다. 그래서 그림자의 존재를 어렴풋이 인지하고 있음에도 모르는 척 회피한다. 자신의 그림자를 적극적으로 부정한다. (프로이트는 이러한 적극적 부정을 긍정의 표현이라고 재해석한다.)

우리는 학습당한 문화적 기준을 추구하고 그것을 다른 사람에게도 요구하지만, 금지된 것들에 대해서 항상 은밀하고 이상한 매력을 느낀다. 그럼에도 그림자를 애써 부정하는 이유는 기존의 규범과 질서에서 벗어나려는 괴물을 감당해야 하기 때문이다. 결국 이들이 선택하는 길은 알코올 중독이나 쇼핑 중독, 오락이다. 사회적으로 용인될 수 있는 범위에서 최대한 자신의 욕망을 대리 충족하고 마는 것이다. (하지만 약발이 떨어지면 내면의 그림자는 다시 요동치고 더욱 짙어진다.)

하지만 예술가들은 내적 통찰을 통해 자신의 그림자를 확인하고 그것을 과감하게 화폭에 그려내거나 악기로 연주한다. 자신의 욕망과 충동, 공격성을 확인하고 인정하는 것은 곧 어린 시절의 유치함을 되찾는다는 것을 의미한다. 그 유치함에는 창의성과 직관이 들어 있다.

일단 의식적인 점검을 거친 그림자는 정제된 형태로서 창조적인 에너지의 동력으로 활용될 수 있게 되는 것이다. 공격적인 충동을 가치 있는 일에 해소할 수 있게 된다.

자신의 내면을 두려워하는 약자는 온전한 자기 자신일 수 있는 강자에 대한 질투심을 숨긴 채 강자를 나쁜 사람이라고 몰아붙인다. 사회적 적응을 위해 착용한 가면(페르소나) 뒤에 자신의 본성을 숨기고 항상 착한 존재로만 남는 사람들은 모범적이고 성실한 연기자로서만 그 역할을 다할 뿐이다. 외부에서 기대하는 역할에 너무 몰두한 나머지 본래 자신의 본성을 잃어버린다.

착한 사람은 무서울 정도로 아무것도 하지 않는다. 이들은 스스로 덕(德)을 생성하지 못하고 외부의 기준을 습관적으로 차용하기에 군중 심리를 만들어 낸다. 일명 순리적으로 산다는 인간들이 사회 순응적 형태의 악행을 저지른다. 자신의 약함이 얼마나 폭력적인지 제대로 인지하지 못한다. 자기 내부를 두려워하는 약자들은 외부의 기준에 따라 철저하게 자신을 통제하고 억압하며, 다른 사람들도 마땅히 그래야 한다고 생각한다. 그래서 다른 사람들의 고유성을 인정하지 않으려 하고 통제하려 든다. 자신의 창조성뿐만 아니라 타인의 창조성까지 억압한다. 이러한 위선자들이 판을 치는 세상에서는 진정한 철학도, 예술도 일어날 수 없다.

칼 융은 우리가 내면의 그림자를 대면하고 껴안을 때 자기 실현, 즉 개성화(individuation)의 단계로 나아갈 수 있다고 한다. 개성화가 일어나면 자아(ego)와 자기(self)의 관계가 밀착되어 모든 성격 구조에 대한 의식이 확장된다. 이때 우리는 무의식의 내용들을 의식의 영역으로 더 많이 가져올 수 있다. 인류 경험의 저장소인 집단 무의식에 대해 개방적이게 됨으로써 나와 다른 사람의 구분이 사라지고 인류에 대하여 보다 많은 연민의 정을 느낄 수 있게 되는 것이다. 칼 융은 이러한 자기 실현이야말로 인간에게 있어 궁극적 삶의 목표라고 보았다.

자아(ego)가 무의식의 심해 깊숙한 곳에 있는 자기(self)를 찾아 떠나는 여정은 영웅의 여정이라 할 만하다. 자신 내면의 깊숙한 곳을 이해한다는 것은 곧 타인의 가장 깊숙한 곳을 파악한다는 의미다. 의식적으로 인지하지 못하지만, 인간은 누구나 깊숙한 곳에 자신만의 세계를 품고 있다. 오직 자신만의 세계에 철저하게 몰입한 사람만이 타인의 관점을 이해하고 인류의 보편적 본성에 다가갈 수 있다.

인기가 아닌 존재감을 추구하라

다른 누군가가 되어서 사랑받기보다는
있는 그대로의 나로서 미움받는 것이 낫다.

– 커트 코베인

　인기는 표면적 자아인 에고(ego)의 우월성을 추구하는 것과
관련이 있다. 이는 강한 자존심으로 나타난다. 반면, 자존감은
나 자신을 있는 그대로 사랑하는 것으로 자기(self)를 추구하는
것과 관련이 있다. 그리고 존재감은 개인의 내적 영역에 머물러
있는 자존감을 뛰어넘어 타인과의 관계 속에서 자기(self)를 실
현하는 것과 관련이 있다. 인기도, 자존심도 중요하지만 우리는
자존감과 그것을 넘어서는 존재감에 더 집중할 필요가 있다.
　인기 연예인, 스타들은 엄청난 부와 명성을 손에 넣었기 때
문에 마냥 행복할 것 같지만, 우울증에 걸리거나 마약에 손을
대는 경우가 많은 것을 보면 꼭 그렇지만도 않다는 사실을 알

수 있다. 인기는 진정한 자신을 숨기고 대중이 원하는 모습만을 보여 줌으로써 얻는 것이다. 사람들이 별로 매력을 느끼지 못할 것 같은 자신의 본모습은 조작된 껍데기로 철저히 가려야만 한다.

자기 내면의 참나(self)를 억압하고, 외면의 인격인 에고(ego)를 지나치게 추구하게 되면 공허해진다. 자기 내면의 통찰을 통해 참나(self)를 마주해야 정신적 건강을 되찾을 수 있지만, 대부분의 사람들은 정반대로 행동한다. 진정한 자기 자신을 마주하고 그것을 인정하는 것, 그리고 그것을 당당하게 표출하는 것은 매우 두렵고 수고로운 일이기 때문이다. 그래서 사람들은 더욱 외면적 자아(ego)와 인기에 집착하게 된다. 이는 바닷물과 같아서 마시면 마실수록 더욱 심한 갈증을 불러오게 된다.

대중들이 환호하는 모습은 진정한 나의 모습이 아닌 나의 껍데기에 불과하기에 이에 대한 보상으로 더욱 극단적인 인기를 추구하게 되는 것이다. 그렇기에 인기가 조금만 주춤해져도 감당할 수 없는 우울감을 느끼게 되고, 마약에 손을 대고, 급기야 자살에까지 이르게 되는 것이다.

갑질도 마찬가지다. 사회적으로 막대한 부와 명성을 얻어 성공한 사람들이 갑질을 한 일화는 수없이 쏟아진다. 도대체 그들은 무엇이 불만이기에 갑질을 하는 것일까?

사실 이들 내면에도 억압된 본성이 숨겨져 있다. 이들은 강박적으로 부와 명성을 추구하기 때문에 어느 순간부터 그것이 자신의 정체성이 되어버렸다. 내적 탐구가 빈약하면 막대한 부와 명성을 얻어도 채울 수 없는 공허함을 느끼게 된다. 그렇기에 마약에 손을 대거나 자신보다 사회적 약자인 사람들을 권력으로 제압함으로써 쾌락을 추구하게 된다. 그들은 자신이 가진 부와 명성으로 사람들을 굴복시키거나 모욕함으로써 자신의 공허함을 대리 충족한다. 이것이 극단에 이르면 갑질이 되는 것이다.

고개를 숙이고, 허리를 굽히고, 무릎을 꿇고, 자신의 권력에 굴복하는 상대방의 모습을 지켜봄으로써 자신의 강함을 느끼고 그것으로써 내면의 공허함을 치유하고자 하는 것이다.

반면, 인기가 아닌 존재감을 추구하는 사람들은 남들이 좋아하는 모습만을 보여 주려고 하지 않는다. 자신의 참된 모습을 온전한 존재로서 표현하려고 노력한다. 때문에 그 모습에 불편함을 느끼는 사람들은 그를 떠나게 되지만, 동시에 그런 모습을 진정으로 사랑하는 사람들은 그의 곁에 모여들게 된다. 사실 사람들이 그들을 비난하는 이유는 그들의 오만함 때문이 아니라 그들처럼 내면의 정체성을 드러낼 용기가 자신에겐 없다는 사실을 용서할 수 없기 때문이다. 자기 자신의 정체성을 억압하고 인정하지 못하는 사람들은 다른 사람의 정체성도 결코 인정하지 않는다. 이들은 외부의 보편적 기준, 사회의 지배적 기준을 습관적으로 차용해서 모든 것을 판단하려 들기 때문에, 자기 자신은 물론 특별한 개성을 가진 다른 사람들까지 그 기준에 가두고 삐져나온 팔다리를 잘라내려 한다.

물론 존재감을 추구하는 사람은 결코 자신의 정체성을 숨기거나 포기하지 않는다. 그렇기에 누군가에게 비난을 받을지라도 아랑곳하지 않고 자신이 추구하는 삶의 태도를 유지할 수 있다. 모두에게 환호성을 받아도 공허함을 느끼는 사람들과는 정반대의 인생을 살게 된다.

당신 곁에 당신의 정체성을 부정하거나 비난하는 친구가 있는가? 당신의 정체성을 비난하는 사람은 정체성이 빈약한 사람이다. 껍데기를 추구하는 공허한 사람이다. 공허한 사람은 전염병을 퍼트린다. 자신의 공허함을 감염시키고자 한다. 정체성을 버리고 보편적 기준에 순응할 것을 강요한다. 이들은 당신의 시도를 적극적으로 저지하고 나설 것이며, 아무나 할 수 있는 것이 아니라고 만류할 것이다. 그러한 조언들은 나름 논리적 형식을 취하고 있는 것들이어서 당신의 열정을 식게 만들 것이다.

남들의 장단에 맞춰 춤을 추지 말고 자신만의 장단에 맞춰 춤을 추어라. 그러면 당신의 장단에 흥을 느끼는 사람들이 하나둘씩 몰려와 당신과 함께 춤을 추게 될 것이다.

그들과 네트워크를 형성하고 꿈을 실현시켜라.

시대를 뒤따라가면 시대에 도태된다

곧 지나가 버릴 시류에 편승하면 당장 인기를 얻기는 쉬울 것이나, 진정으로 시대를 앞서가고 싶다면 오직 나 자신에게 집중해야 한다.

학문적, 예술적 반성에서는 본인의 내면적 요구에 따라 깊이 있게 사색하고 탐색한 것이 먼 훗날 인류의 모든 분야에 있어 훌륭한 교감이 되는 경우가 많다. 애당초 곧 지나가 버릴 시대정신에 편승해서 남을 생각한 것들은 시대를 초월하지 못한다. 인간은 타인이 아닌 내면의 요구에 집중할 때 더 정직하기 때문이다.

스티브 잡스는 결코 시대적 요구를 뒤따라가서 성공한 사람이 아니다. 그는 자기 내면에 몰두함으로써 시대를 앞서갔다.

자기중심적인 스티브 잡스는 역설적으로 철저하게 사용자 관점에서 제품을 만들 수 있었다. 제품 사용자들의 숨겨진 감성과 욕구를 최우선적으로 고려할 수 있었다. 초창기엔 시대적 수요에 벗어나서 많은 실패를 했지만, 결국 사람들 내면에 숨겨진 진정한 욕구를 파악하는 데 성공했다. 무의식의 욕구와 충동에 다가가서 그 내용물을 접한 뒤 그것을 뛰어난 작품으로 만들어 낼 수 있는 능력이 탁월했던 것이다.

그는 결코 사람들이 입으로 말할 수 있는 수준의 니즈를 노리지 않았다. 시장 조사는 대중들의 의식 세계에 대한 조사에 불과하다. 시대의 요구에 딱 맞춰 대중들이 원하는 것을 시장에 내놓으면 그리 호응을 얻지 못한다는 것을 그는 알고 있었다.

"소비자는 상품을 눈앞에 보여 주기 전까지 자기가 무엇을 원하는지 모른다."

그의 말은 아주 큰 진리를 함축하고 있다. 대부분의 사람들은 자신의 의식 세계에만 집중하고 그것만을 추구하기 때문에 자신의 무의식에 잠재된 진짜 욕구를 파악하지 못한다는 것이다. 그만큼 인류의 대다수는 외부에서 정해 준 보편적 기준을 자신의 정체성으로 착각하며 살아간다.

인기는 꽃과도 같아서 그 시대에 피고 그 시대에 지고 만다.
지지 않는 꽃을 피우려면 진정한 나 자신에 집중하라.

PART
02

창조성의 발견

Creativeness
Class

창조적 인물이란 수많은 아이디어를 제시하는 가운데,
불확실성을 둘러싼 불안감을 수용할 줄 아는 사람이기도 하다.
불확실성을 참고 견디며, 더 나아가 자초하고 찾아다니며 즐기는 사람이다.
불확실하고 애매모호한 것을 견딜 수 있는 사람만이 새로운 가치를 발견하고,
그것을 현실에 도입할 수 있다.

창조성은 태도다

배는 항구에 있을 때 안전하다.
하지만 배는 그러려고 만든 것이 아니다.

– 그레이스 호퍼

창조성은 능력이기도 하지만 일종의 태도이기도 하다. 자신의 고유성을 존중하는 사람은 실제로 창조적인 삶을 살 수 있다. 창조성의 발현을 논할 때 선천적 지능과 재능, 그리고 후천적인 사회적 환경도 완전히 무시할 수는 없지만, 창조적이고자 하는 개인의 의지와 태도가 차지하는 비중도 절대로 적지 않다.

뛰어난 재능, 즉 영재성을 지녔지만 자신의 재능을 평범한 방식으로만 사용하는 것에 익숙해져서 창조적인 인물로 성장하지 못하는 경우가 많다. 이들은 단지 조금 똑똑한 사람으로 기억될 뿐이다. 재능은 넘치지만 남보다 조금 똑똑하고, 창조성은 그저 그런 인물로 남는 모범생들은 우리 주변에서 어렵지 않게

타고난 재능이 평범하더라도 기회를 포착하고
그것을 과감하게 시도하는 것이 중요하다.
실패에 대한 두려움 때문에 아이디어가 머릿속에만 머문다면
창조적인 사람이라고 할 수 없다.

찾아볼 수 있다. 타고난 재능이 평범하더라도 기회를 포착하고 그것을 과감하게 시도하는 것이 중요하다. 실패에 대한 두려움 때문에 아이디어가 머릿속에만 머문다면 창조적인 사람이라고 할 수 없다.

재능이 우수한 것과 창조적인 인물이 되는 것은 별개의 문제다. 창조적이라고 해서 반드시 대단한 재능이 전제되어야 하는 것은 아니다. 평범한 일상에서도 남다른 방식으로 생각하고 자신만의 것으로 생산성을 내는 것이 바로 창조성이다.

우수한 재능과 번뜩이는 비전만 가지고는 창조적인 결과를 이끌어 낼 수 없다. 세상을 변화시킨 사람들은 꿈을 현실화하는 데 탁월한 재능을 가지고 있다. 꿈은 말 그대로 꿈일 뿐이다. 목표만 떠들고 다니는 열정만으로는 세상은 물론 자기 자신도 변화시킬 수 없다. 행동으로 옮겨야 한다. 이 세상에 열정이 부족해서, 꿈이 없어서 평범한 사람은 없다. 그것을 실행할 용기와 행동력의 여부로 비범한 사람과 평범한 사람이 구분된다.

영웅과 범부는 모두 미지의 세계에 두려움을 느낀다. 단지 두려움을 대하는 태도에 차이가 있을 뿐이다. 비범한 비전을 가진 사람이라고 해서 비범한 사람이 되는 것은 아니다.

교육 수준, 경제력, 경력, 인맥 등 성공을 하는 데 필요한 여러 가지 요소가 있지만 이러한 요소들이 모두 갖추어졌을 때 행동하려는 사람은 평생 아무것도 이루지 못한다. 오히려 현실적 한계 앞에서도 꿈에 대한 대단한 사명에 의해 행동하지 않고서는 못 배긴 사람들이 좀 더 과감한 도전을 하고 창조적 결과를 맞이한다.

창조성의 관건은 배짱이다. 자신만의 고유한 경험과 생각을 나와 의견을 달리하는 사람들 앞에서 당당히 드러내고 버티는 것이다. 자신이 창조적인 인물이라고 믿는 태도가 창조적인 결과를 낳는다. 자신의 창조성을 믿는 태도가 곧 능력이다.

아이디어가 머릿속을 벗어나야 창조성이다

기발한 발상이 떠오르는 순간은 창의성이 폭발하는 순간이다. 하지만 그 순간 자체가 목적이 되어서는 안 된다. 내면에 불꽃이 생겼을 때, 그 불꽃이 꺼지지 않도록 후속 조치를 취하는 것이 관건이다.

제아무리 확신에 찬 획기적인 아이디어도 다음날 사무실로 출근하여 차가운 업무용 컴퓨터를 마주하는 순간 파괴되기 십상이다.

획기적인 아이디어가 떠올랐을 때 이를 망설임 없이 추진했던 경험이 얼마나 있는가? 행동력 없는 창의성은 현실에서의 창조로 이어질 수 없다. 손에 잡히는 확실한 결과를 원한다면 어느 정도 과감성이 필요하다. 낯설고 불확실한 미지의 영역에 몸을 내던져야 한다. 그래야 결실을 맺을 수 있다.

작고 별 볼 일 없는 결실일지라도 이러한 부수적인 결과들이 쌓이면 점차 미지의 세계를 정복하려는 욕망이 살아나게 마련이다.

당신만의 독창성을 특허내라

상당한 시간과 노력, 비용이 따르겠지만 특허를 내는 것이 당신의 독창성을 이 세상에 남기는 가장 확실한 방법이다.

기술적, 상업적인 해법이 아니어도 좋다. 현 시국에 대해 당신만의 훌륭한 생각이 있는가? 그렇다면 속으로만 품고 있지 말고 그것을 물리적 형태로 가공하여 시장에 내놓으라. 출판사와 계약을 맺고, 책으로 출간하라. 유튜브에 업로드하라.

이 세상에 결코 지워지지 않는 당신만의 문신을 새겨라.

당신만의 지식재산권을 보유하라.

닮고 싶은 천재를 정하라

당신이 닮고 싶은 천재는 누구인가? 없다면 정하라. 그리고 그들의 초상을 방에 걸어 두어라. 만약 아인슈타인과 스티브 잡스가 당신에게 강렬한 영감을 주는 천재들이라면 당신의 초상을 그들의 초상과 함께 나란히 걸어 두어라. 아침에 일어나 하루를 시작할 때, 일과를 마치고 저녁에 잠이 들 때, 그들과 어깨를 나란히 하고 있는 당신을 상상하라.

그들과 대화하고 그들처럼 생각하기 위해 노력해 보아라. 그들의 사상이나 이미지에 종속되라는 것이 아니다. 천재들을 철저히 자기 자신화 하라는 이야기다. 아인슈타인을 자기 자신화 하라. 스티브 잡스를 자기 자신화 하라. 그러면 당신은 당신도 모르는 사이에 위대한 일을 성취할 운명을 타고난 사람처럼 행동하게 될 것이다. 당신은 점점 창조적인 인물이 되어 갈 것이다.

Creativeness Class

02

직관은 좌뇌와 우뇌의
상호 작용에서 나온다

과학적 방법으로 일을 한다는 것은
내가 직관적으로 알아낸 것을 과학의 틀 속에 집어넣는 것이다.

– 바버라 매클린톡

좌뇌의 기능	우뇌의 기능
이성적이며 현실적인 것을 추구	감성적이며 새로운 것을 추구
논리적 · 귀납적 사고	확산적 · 연역적 사고
언어적, 수리적 학습 활동에 유리	비언어적이며 상상력을 발휘해야 하는 문제 해결에 유리

논리만 가지고 문제를 해결할 수 있는가?

우리는 어떠한 대상에 대한 제법 논리적인 판단을 내려놓고도 그것을 행하는 것을 주저한다. 왜냐하면 논리적 사고는 대상의 평균적 모습, 즉 현상의 종합을 나타낼 뿐 현상 너머에 존재하는 이상치(outlier)를 반영하지 못하기 때문이다. 이 상태에서 제아무리 자료를 모으고 변수를 고려하여 해답을 내려 해도 해답은 쉽게 나오지 않을 것이다. 5지선다 객관식 문제를 제외한 이 세상의 모든 문제는 식의 숫자가 변수의 숫자보다 적은 연립방정식과 같다. 이때 취할 수 있는 방법은 해답이 될 만한 가상의 답들을 구한 뒤 그것들을 대입해 가면서 직관적으로 정답을 고르는 것이다. 이는 좌뇌와 우뇌가 고도로 협력하는 과정이다. 좌뇌의 논리적 사고력에 우뇌의 풍부한 상상력이 곁들여지면 우리의 이성은 직관이라는 더욱 고차원적인 단계로 나아가게 된다.

멘사의 IQ 테스트 문제나 고난도 스도쿠 문제를 푸는 것도 이와 유사하다.

답을 구하기 쉬운 문제는 논리적 사고에 따라 바로 답을 찾아낼 수 있다. 하지만 어려운 문제는 논리적인 궁리 끝에, 직관적으로 선택지를 대입해서 다른 요소들과의 규칙성을 검토해 보거나, 임의의 숫자를 빈칸에 채워 놓고 그것을 답으로 가정한 뒤 문제를 풀어가는 편이 (한 번에 모든 변수를 만족시키는 정답을 찾아내려는 경우보다) 정답을 찾아내기에 유리할 것이다.(좌뇌든 우뇌든 한쪽만 100% 활용하여 푸는 테스트는 없다. 어떠한 문제에 부딪히든 인간은 좌뇌와 우뇌를 모두 사용하게끔 되어 있다. IQ 테스트는 주로 좌뇌의 일부 기능을 측정하는 데 초점이 있지만, 우뇌의 기능이 전혀 개입되지 않는다고 볼 수는 없다.)

물론 직관적 선택이 항상 옳다고 할 수는 없지만, 시행착오를 많이 겪을수록 직관으로 고른 것이 정답이 될 확률이 높아지게 된다.

선천적 직관과 학습에 의한 직관

선천적으로 비범한 정신적 능력을 타고난 사람들, 소위 천재라고 하는 인물들은 주로 무의식에 의존한 직관을 발현한다. 이들이 발휘하는 직관은 이미 내면에 가진 것들을 끄집어내는 것에 불과하다. 물론 이들 역시 후천적 학습을 통해 이미 발달해 있는 직관력을 더욱 수준 높은 차원으로 정교하게 계발할 수 있는데, 이들이 후천적 학습을 겸하여 발휘하는 직관은 보통 사람의 범주를 확연하게 넘어서는 것으로서 기념비적인 업적을 세우게 되는 경우가 많다.

반면, 보통 사람들이 발휘하는 직관은 후천적 학습을 통하여 의식적이고 기술적으로 발휘하는 직관에 가깝다. 천재가 발휘하는 직관이든 범인(凡人)이 발휘하는 직관이든 모두 무의식과 의식의 상호 작용으로 발현되는 것이지만, 천재의 경우는 무의식 쪽에 더 기울어져 있다는 것이다. (창조적 천재들은 대부분 좌뇌와 우뇌가 모두 발달해 있으며, 우뇌는 그러한 좌뇌의 기능을 더욱 압도해버린다.)

천재에 비해 별로 가망이 없어 보여서 실망인가? 하지만 너무 비관적으로만 볼 필요는 없다.

우리는 특정 분야에 대한 수많은 시행착오와 경험을 축적하여 다양한 아이디어를 손쉽게 제시하고 감각적으로 실현 가능성이 높은 안을 판별해 내는 사람들을 자주 볼 수 있다. 이것이 바로 후천적 학습을 통해 발현시키는 직관이다.

우리 사회가 꼭 선천적 천재에 의해서만 굴러가는 것은 아니다. 천재는 큰 방향성을 제시해 주기도 하지만, 실생활에서 땀을 흘리며 이 세상을 진정으로 굴려 가는 사람들은 후천적 천재, 즉 Semi-Genius들이다.

보통 사람이 발휘하는 직관은 후천적 노력을 통해 얼마든지 향상시킬 수 있다. 오히려 천부적 재능을 타고난 영재지만 학습을 게을리하여 사회에 어떠한 기여도 하지 못하는 경우가 많다. 타고난 재능은 평범하지만 꾸준한 노력을 하는 사람들이 모여 집단 지성을 발휘하고 사회를 창조적인 방향으로 이끌어 가기도 한다.

IQ는 100만 넘어도 충분하다

새로운 것의 창조는 지능이 아니라 내적 필요에 의한 놀기 본능을 통해 달성된다.
창의적인 사람은 자신이 사랑하는 것을 가지고 노는 것을 좋아한다.

– 칼 융

창조적인 인물이 되기 위해서 IQ는 몇 이상이면 될까? 사람
들은 대부분 IQ가 매우 높아야만 특별한 결과물을 만들어 낼
수 있다고 생각한다.

아인슈타인이나 스티브 잡스의 IQ가 160인 것으로 알려져
있음을 고려해 볼 때 (그러나 아인슈타인은 살아생전에 IQ 테스트를
받아 본 적이 없다. 세인들이 그의 업적과 기록을 토대로 IQ가 160 이
상일 것이라 추측할 뿐이다.) IQ가 140 정도는 되어야 창조적인 사
람이 될 수 있다고 믿는 것은 나름 이해가 간다.

하지만 필자는 창조성 발현에 있어 IQ는 120 이상이면 유리
하고, 100만 넘어도 별다른 지장이 없음을 자신 있게 밝힌다. 아

인슈타인과 스티브 잡스가 천재들의 평균 IQ를 올려놓았을 뿐이다.

IQ와 창조성의 관계는 신장과 농구 실력에 비유할 수 있다. 프로 농구 선수가 되려면 일단 키가 커야 한다. 키가 165cm인 사람이 프로 농구 선수가 될 가능성은 거의 없다. 설령 된다고 해도 좋은 성적을 내기 어렵다. 프로 농구 선수가 되려면 키가 180cm 이상은 되어야 하고 190cm 이상이면 더 좋다. 하지만 신장이 200cm인 선수가 190cm인 선수보다 농구 실력이 무조건 뛰어날 것이라고 단정할 수는 없다. 신장은 농구 선수가 되는 데 필요한 만큼만 크면 된다. 신장이 너무 작으면 문제가 되지만 일정한 구간부터는 농구 실력을 좌우하는 결정적 요인이 되진 않는다는 것이다.

농구 선수의 신장 190cm는 천재들의 IQ 120에 대응한다. IQ가 너무 낮으면 창의성을 발휘하는 데 장애가 있을 수 있지만, 120에 이르면 더 이상 IQ가 창의성을 결정짓는 요인이 되지 않는다는 것이 학계의 지배적인 입장이다. 다시 말해, IQ 140인 사람이 IQ 120인 사람보다 반드시 창조적인 결과물을 만들어낼 수 있는 것은 아니라는 말이다.

실제로 노벨상을 받은 학자들의 IQ는 120~130 수준으로 알려져 있다. IQ 120도 높은 수치이긴 하지만 우리가 생각하는 천재의 기준에는 한참 미달한다. 그리고 우리의 목표가 노벨상을 받는 것은 아니지 않는가? 당신의 IQ가 120에 이르지 못한다고 해도 일상에서 창조성을 뽐내며 살아가는 데는 별다른 문제가 없다는 결론에 이른다.

인간의 창의성은 우뇌의 확산적 사고와 좌뇌의 수렴적 사고의 협력으로 이루어진다. 확산적 사고력은 일정한 틀에 갇히지 않고 자유롭게 사고하고 상상하는 능력이며, 수렴적 사고력은 다양한 자극과 정보를 취사선택하여 일정한 논리를 구성하는 것과 관련이 있다. 전자만 있으면 공허한 상상력이고, 후자만 있으면 고리타분한 논리력이다. 좌뇌와 우뇌가 고도로 협력해야만 발현될 수 있는 것이 직관이다.

IQ라는 것은 좌뇌의 수렴적 사고 능력을 측정하는 것과 관련이 있으며, 우리나라 국민들은 이미 세계적으로 최고 수준의 IQ를 보유하고 있다. 따라서 한국 사람이 창의성을 발휘하지 못하는 원인은 IQ에 있지 않다는 결론이 나온다. 이 책을 읽고 있는 대부분의 독자들은 IQ가 100 이상일 것이며, 다소 높은 경우 120 이상도 있을 것이다. 이제 머리가 별로 좋지 않아서 창의성을 발휘할 수 없다거나 창조적인 인물이 될 수 없다는 말은 통하지 않는다.

우리가 창조적인 인물이 되기 위해 신경 쓸 부분은 IQ가 아니라 틀에 갇히지 않고 자유롭게 상상하는 능력과 그것을 과감하게 표출하고 버티는 태도라고 말할 수 있다.

영성 지능이 당신의 삶을 좌우한다

IQ가 높으면 학습이나 성공에 유리하지만, 그것이 삶의 근본적인 문제를 해결해 주지는 않는다. 암기와 계산을 잘하는 것은 삶의 지혜와 별로 관련이 없다.

더욱이 이제는 인공 지능 시대다. 계산과 암기는 기계가 대신해 줄 수 있다. 하지만 IQ가 높아도 영성 지능이 부족하면 그 사람의 지성은 전자계산기 수준에 불과하다.

영성 지능이란 인간 실존에 대한 통찰력이다. 인생에 대해 심오한 질문을 하게 만들며, 실존에 대한 통찰력을 대변해 주는 지능이다. 존재론적 의미, 삶과 죽음, 행복의 의미, 삶의 근원적 가치에 대해 뚜렷하게 인지하고 추구할 수 있게 만든다. 당신의 삶을 의미 있는 삶으로 이끈다. 영성 지능이 높은 사람은 세상의 보편적 기준에 어긋나더라도 자신이 세운 삶의 가치에 따라 사는 담대한 태도를 유지할 수 있다. 이러한 능력은 단순히 암기력이 뛰어나다고 해서, 숫자의 배열에서 규칙성을 빨리 찾아낸다고 해서 발휘할 수 있는 것이 아니다. 제아무리 IQ가 160이라고 해도 세상이 정해 준 각본대로만 움직여서는 평범한 사람들과 별반 다를 것 없는 결과를 맞이할 뿐이다. 지능보다 중요한 것은 자신이 어떠한 생각을 하고 있는지 의식적으로 알아차리고, 적절한 목표를 정하고 나아가며, 성취한 것들을 사람들과 나누는 것이다.

IQ가 높으면서 영성 지능이 낮은 사람은 자신의 높은 IQ를 자신도 모르게 나쁜 곳에 사용할 수 있다. 똑똑하지만 순리대로 움직이는 인간들은 주변의 상황에 쉽게 동조한다. 어쩌다 그 방향이 맞으면 좋은 결과를 이끌어 낼 수 있겠지만 그 반대라면 자신도 모르는 사이에 사회적 순응 형태의 악행을 저지를 가능성이 크다. IQ만 높은 것이 오히려 최악의 상황을 초래하는 것이다. 주체력을 상실한 날카로운 검은 위험하다.

가장 이상적인 경우는 영성 지능에 결부된 탁월한 재능이다. 이는 실로 엄청난 결과를 초래한다. 삶의 목적과 방향에 대해 질문하고 고민하게 만드는 영성 지능에 탁월한 재능이 결부되면 굉장한 혁신과 창조를 이끌어 낼 수 있다. 이들은 삶에서 어려운 상황을 마주한다고 해도 자신의 과업을 찾아내고 그 과업에 위대한 가치를 부여하기 때문에 모든 어려움을 극복해 내면서도 언제나 남들보다 탁월한 성과를 낼 수 있게 된다.

흔히들 타인에게 베푸는 배려나 관용이 어느 정도인지를 기준으로 그 사람의 영성 지능을 평가하는 경향이 있는데, 필자의 생각은 좀 다르다. 타인에 대한 배려심이나 관용만으로 영성 지능을 평가하는 것은 아주 편협한 방법이다. 오히려 자신의 행동이 보편성에서 벗어나 주변 사람들과 공감대를 형성하지 못하더라도 좀 더 크고 멀리 있는 목표에 따라 움직일 수 있는지의 여부가 더 중요하다고 본다.

그렇다면 영성 지능은 어떻게 활성화할 수 있는가? 필자는 앞서 정답은 당신 안에 있다고 하였다. 내면에 있는 자기(self)를 찾아 떠나라.

심리학자 칼 융은 자아(ego)가 자기(self)를 만나기 위해 떠나는 이 여정을 '영웅의 여정'이라고 표현했다. 개성화가 일어나면 자아(ego)와 자기(self)의 관계가 밀착되어 모든 성격 구조에 대한 의식이 확장된다. 이때 우리는 무의식의 내용들을 의식의 영역으로 더 많이 가져올 수 있다. 인류 경험의 저장소인 집단 무의식에 개방적이게 됨으로써 나와 다른 사람의 구분이 사라지고 인류에 대하여 보다 많은 연민의 정을 느낄 수 있게 된다. 칼 융은 이러한 자기 실현이야말로 인간에게 있어 궁극적 삶의 목표라고 보았다.

가끔은 혼자만 있는 시간을 가져라. 세상에서 거래되는 사소한 이익에 대한 집착을 잠시 내려놓고 명상을 통해 자신의 근원적인 삶에 방향에 대해 고찰하라. 책이나 영상물을 통해 우주에 대한 신비를 체험해 보고, 그 드넓은 우주에서 자신의 우주적 위치를 확인해 보는 것만으로도 세상을 보는 시야가 이전보다 더 넓어지게 된다.

자신만의 세계를 긍정하라

뭔가 크게 달라질 것이라는 확신을 갖고 행동하라.
그러면 정말 그렇게 된다.

- 윌리엄 제임스

어떤 이들은 말한다. 자신에 대한 기대치가 높으면 실망도 크다고. 행복의 비결은 스스로에 대한, 미래에 대한 기대치를 낮추는 것이라고.

물론 틀린 말은 아니다. 인간은 항상 기대 때문에 좌절을 겪는다. 해탈의 경지에 이르면 인간은 헛된 기대를 버리고 고통에서 해방될 수 있다.

하지만 자신의 욕망을 통제할 수 있는 사람이 이 세상에 얼마나 되겠는가? 사실 모든 욕망을 초월하여 해탈의 경지에 이르겠다는 욕망이야말로 가장 크고 달성하기 어려운 욕망이 아닌가? 욕망을 가진 모든 인간에게는 자신의 재능, 도덕성, 미래에

낙관적 예측이 현실로 나타나면
자신의 특별함에 대한 자신감이 형성되고,
더 크고 멀리 있는 과제에 도전할 수 있게 된다.

대한 낙관적 기대가 따라오기 마련이다.

인간은 누구나 자신에 대한 낙관주의적 편향을 가지고 있다. 이혼율이 40%에 육박하는 사회에 살면서도 자신이 이혼할 가능성은 거의 없다고 믿는 것이 인간이며, 비참한 인생을 살면서도 자신에게는 매우 특별한 재능이 있다고 믿는 것이 인간이다. 10명 중 9명은 자신이 속한 집단 내에서 스스로가 모든 면에서 평균 이상에 해당한다고 생각한다. 이것이 인간이다.

인간의 본성을 억누르는 것은 오히려 부자연스러운 삶을 사는 방법이다. 자신에 대한 낙관을 반드시 억제해야 하는지 따져볼 일이다. 자신에 대한 낙관은 적어도 세 가지 면에서 긍정적인 효과를 가져올 수 있다.

첫째, 인간은 누구나 자신의 미래에 대해 긍정적으로 예측하는 것에서 행복감을 느낀다. 비록 그 근거가 주관적일지라도 말이다. 인간은 자신이 원하는 결과를 이루고 나서는 의외로 만족을 하지 못한다. 자신이 원하는 결과에 점점 다가가고 있다는 느낌 그 자체에서 행복감을 느끼는 경우가 많다.

둘째, 낙관적 예측이 현실로 나타나면 자신의 특별함에 대한 자신감이 형성되고, 더 크고 멀리 있는 과제에 도전할 수 있게 된다. 만약 예측이 틀렸다고 해도 자신의 가치에 대한 방어기제가 나타나 자신감을 회복할 수 있게 도와준다. 다음에는 현실이 자신의 목표 달성에 방해가 되지 않도록, 똑같은 실수를 반복하지 않도록 혼신을 다하게 된다.

셋째, 자기충족적 예언이라는 긍정적 효과가 있다. 낙관적 예측이 모두 적중하는 것은 아니지만, 실제로 그렇게 될 것이라 믿고 노력하면 일부는 정말로 현실화된다. 자신에 대한 낙관은 정형화된 틀에서 벗어나 자신이 원하는 대로 이 세상을 바라볼 수 있게 해 준다. 자기 자신만의 세계를 형성하고 그 안에서 긍정성을 유지하는 것은 삶의 태도가 보편성에서 다소 벗어나 있더라도 그것을 감당할 수 있게 만든다. 다른 사람이 추구하지 않는 것을 추구하게 되므로 창조적인 인물이 될 수 있다.

인간은 경험에 의해, 트라우마에 의해 지배받는 존재가 아니라, 현재 목적에 따라 과거의 경험을 취사선택하며, 새로운 가치를 발견하고 그것을 추구할 용기가 있다면 얼마든지 자신의 미래를 바꿀 수 있는 존재다.

똑같은 장애를 가지고 있음에도 어떤 사람은 장애를 극복해 내면서 성취의 동기로 활용하고, 어떤 사람은 장애로 인해 좌절하고 자기의 삶을 방치하는 모습을 보인다. 똑같은 장애를 지니고서도 의지와 용기에 따라 전혀 다른 삶의 결과를 맞이한다. 우리는 객관적 사건에 의해 나 자신이 정해지는 피동적인 삶을 사는 것이 아니라 스스로 나 자신을 정해가는 주체적 삶을 살고 있는 것이다.

자신에 대한 낙관주의는 인간의 뿌리 깊은 본성이다. 이를 제거하기보다는 창조의 동력으로 활용하라. 단지 낙하산 하나만 준비하면 된다. 당신이 절벽에서 뛰어내린 후 자신에게 날개가 없음을 깨달았을 때, 그것은 당신을 안전하게 착지할 수 있도록 도와줄 것이다.

때로는 철저한 몽상가가 되어라

한 나라의 진정한 부의 원천은 그 나라 국민들의 창의적 상상력에 있다.

– 애덤 스미스

인간이 처음부터 목표를 가지고 태어나는 것은 아니지만, 대자연은 인간에게 목표를 추구할 수 있는 정신을 부여했다. 자신의 정체성과 부합하는 목표를 추구할 때 인간은 열정을 얻을 수 있고, 그 열정은 근시안적이며 냉소적인 세상 사람들로부터 당신을 지켜 줄 것이다. 당신은 독창적이고자 노력할수록 자기발전의 기회를 더 많이 얻게 될 것이다. 우리는 그 믿음으로 인하여 위대한 존재가 되고, 사회에 기여하는 존재가 된다. 당신의 삶을 풍요롭게 만들 뿐 아니라 사회, 더 나아가 세계와 인류의 발전에도 이바지하게 된다.

소원을 말하라. 철저한 몽상가가 되어라.

나는 ○○○가 하고 싶다.

나는 ○○○를 이루고 싶다.

나는 ○○○한 ○○○가 되고 싶다.

현실을 무시한 터무니없는 발상인가? 그럼 되었다. 몽상은 잠시나마 차가운 현실에서 벗어나 가치 있는 미래를 상상하고, 자신의 한계를 초월하는 데 큰 힘이 될 것이다.

신선한 아이디어는 있음직한 무언가에 존재한다. 혁신가로서의 기질은 아직 일어나지 않았지만 앞으로 벌어질 일을 내다볼 수 있는 능력에 있다.

위기 상황 속에 숨겨진 기회는 무엇인가? 아직 변화의 손길이 미치지 않은 곳은 어디인가?

'계획'이라는 것은 원래 궁극적 목표인 꿈을 위한 하위 목표로서 존재해야 하는데 어느 순간부터 계획 자체가 '꿈'이 되고 '신념'이 되어버렸다. 꿈은 '과거'가 아니라 '미래'에 존재한다. 미래에 있는 것은 기존의 공식으로 예측할 수 없다. 당신의 꿈을 기존의 공식에 대입해서 증명하려 든다면 '비합리적'이라는 결괏값이 나올 것이다. 따라서 당신이 해야 할 일은 기존의 공식을 따르는 일이 아니라 새로운 공식을 만들어 내는 일이다. 무조건 합리적이고 안정적이어야 한다면 그것은 착실한 '계획'에 불과할 뿐이다.

창조적 인물이란 수많은 아이디어를 제시하는 가운데, 불확실성을 둘러싼 불안감을 수용할 줄 아는 사람이기도 하다. 불확실성을 참고 견디며, 더 나아가 자초하고 찾아다니며 즐기는 사람이다. 불확실하고 애매모호한 것을 견딜 수 있는 사람만이 새로운 가치를 발견하고, 그것을 현실에 도입할 수 있다.

비합리적인 것에는 두 가지 종류가 있다. 하나는 말 그대로 비합리적인 것이고, 다른 하나는 보통 사람들이 보기에 비합리적인 것이다. 만약 당신의 꿈이 충분한 지적 통찰과 단련을 통해 도출된 것이라면 후자에 해당할 것이다. 시도조차 하지 않는 것만큼 큰 후회는 없다. 당신이 무엇을 좋아하든 그것을 하라. 자기가 좋아하지도 않는 일에 평생을 바치는 것은 노예에 불과하다. 창조적 몽상가들은 자신이 가장 흥미를 느끼는 분야에만 전념한다. 생계 수단과 흥미를 느끼는 분야가 다르더라도 그들에게 있어 생계 수단은 단지 생계 수단에 불과할 뿐이다. 지금 다니는 직장이 적성에 맞지 않는가? 그렇다고 배수진을 칠 필요는 없다. 생계 수단을 함부로 포기하지 마라. 직장을 다니면서 진정한 꿈을 펼쳐라. 중간에 실패해도 좋다. 당신은 시도했기 때문에 적어도 후회는 없을 것이고, 여전히 생계 수단이 당신의 삶을 받쳐 줄 것이다. 세상에서 가장 슬픈 표현은 "만약 ~했더라면 지금은 ~일 텐데…."이다.

몽상은 잠시나마 차가운 현실에서 벗어나
가치 있는 미래를 상상하고,
자신의 한계를 초월하는 데 큰 힘이 될 것이다.

여기 미친 사람들이 있습니다.

부적응자들

반항아들

문제아들

네모난 구멍에 끼워진 동그란 마개처럼

이 사회에 전혀 적합하지 않은 사람들

보통 사람들과 시각이 다른 사람들

그들은 규칙을 좋아하지 않습니다.

그들은 현재 상태에 만족하지 않습니다.

우린 그들을 찬성하거나 반대하고, 찬양하거나 비방할 수 있습니다.

하지만 할 수 없는 것이 하나 있습니다.

결코 그들을 무시할 수 없다는 사실입니다.

그들은 세상을 바꾸기 때문입니다.

그들은 인류를 진보시켜 왔습니다.

누군가 이들을 미쳤다고 말할 때,

우리는 천재를 봅니다.

자기들이 세상을 바꿀 수 있다고 생각할 정도로 미친 사람들이야말로

세상을 바꾸는 사람들이기 때문입니다.

- 애플의 1997년 광고 〈Think Different 〉

제로베이스로 생각하라

보편적인 생각의 틀이나 기본적 가정을 도구 삼아 만물과 현상을 다루면 일상에서는 매우 효율적인 결과를 맞이할 수 있다. 하지만 효율성을 넘어 새로운 것을 발견해 내기 위해서는 그 생각의 틀을 과감히 버려야 할 때도 있다.

세상이 A와 B라는 선택지를 당신에게 던져 준다면 당신은 A와 B 사이에서만 헤매지 말고 C나 D라는 선택지도 능동적으로 찾아다니며 고려해 봐야 한다. 이미 주어진 선택지보다 탁월한 정답은 언제나 존재하기 마련이다. 위대한 혁신가들의 스토리를 살펴보면 모두들 A와 B를 두고 고민하고 있을 때, C를 찾아낸 사람들임을 알 수 있다.

혁신적인 아이디어를 위해서는 고의로 정상의 범주에서 벗어난 발상을 해 보는 것도 필요하다.

인간 지성의 높이는 불확실성과
모순적 상황을 견디는 능력에 비례한다

네덜란드 사회심리학자 호프스테드의 연구에 따르면 불확실성을 견디는 힘이 있는 사회는 미래에 대해 별로 위협을 느끼지 않으므로 일을 열심히 하지 않는다고 한다. 일을 열심히 하지 않는다는 말은 얼핏 이상하게 들린다. 이것이 과연 좋은 것인가? 자신에게 주어진 의무에 최선을 다하지 않는 것이 좋은 것인가? 이래서 조직과 사회가 정상적으로 작동하겠는가?

하지만 자신이 진정으로 하고 싶은 것, 중추적 쾌락을 느끼는 일에 과감히 집중하는 사람들이 많은 사회일수록 혁신적인 결과를 내는 경우가 많다. 이들은 결코 주어진 일에만 충성하지 않는다. 불확실성을 견디는 힘이 강한 사회는 자신에 대한 타인의 시선이나 의견을 별로 신경 쓰지 않고 개성을 드러낸다. 결과적으로 서로의 다양성을 존중하는 분위기가 형성되고 보편성에서 벗어나는 다양한 시도들이 일어나게 되는 것이다.

반면, 불확실성을 견디지 못하는 사회는 항상 미래에 대한 초조와 불안에 시달린다. 주어진 일에만 최선을 다하고 남달라지는 것에 대해 극도의 거부반응을 보인다. 이들은 자기 내면에 대한 탐구가 빈약하여 자신이 추구하는 가치가 무엇인지도 모른 채, 그저 집단이 정해 준 행복의 기준을 강박적으로 좇는다. 이들은 자신의 참된 욕망보다는 남들에게 뒤처지지 않겠다는 안도감을 더욱 갈망한다. 남에게 뒤처지지 않을 수만 있다면 자신의 진정한 내면을 억누르고 희생시키는 것쯤은 대수롭지 않게 여긴다. 때문에 자신은 물론 다른 사람들의 개성과 창조적 시도까지 억압하고 인정하지 않게 된다.

불확실성을 견디지 못한다면 안정적인 인생은 가능해도 특별한 인생은 기대할 수 없다.

세상이 정한 당신의 한계를 벗어나라

다른 사람들이 당신은 할 수 없다고 하는 것을 한 가지만 해 봐라.
그러면 앞으로 당신은 그들이 설정한 한계를 신경 쓰지 않게 될 것이다.

― 제임스 쿡

세상이 정한 당신의 한계 따위는 무시해라. 당신은 어린 시절부터 성인이 된 오늘날까지 무수한 평가를 받아 왔고, 그 과정에서 수용적 사고 능력을 갖게 되었다. 당신의 비정형적인 힘은 단순 무지한 평가의 틀에 종속되어 버렸다.

사회는 어느 한 개인을 평가할 때 고유성을 고려하지 않는다. 사회는 효율성을 추구하므로 모든 사람들을 대략적으로 담아 낼 수 있는 보편적 기준을 만들고 활용한다. 우리는 이미 어린 시절부터 이러한 평가 기준에 종속되어 왔다. 범주화는 당신의 개성과 정체성을 모두 말살한다.

범주화는 당신 자체가 아니라 당신이 속해 있는 표본의 추상

세상이 정한 당신의 한계 따위는 무시해라.

적 특징 하나만을 강조하는 것이다. 즉 차이보다는 유사성을 강조한다. 우리가 동식물의 종(種)이 지닌 일반적 특성을 연구함으로써 그들을 완벽한 통제하에 두는 것처럼 말이다.

학창 시절에는 수능 점수와 대학 간판이 당신의 가치를 결정지었다. 대부분의 사람들은 지방대를 나오면 자신의 머리가 별로 좋지 않다고 생각한다. 아무리 노력해도 수능 성적이 좋지 않으면 능력이 부족하다고 생각한다. 이때 평가된 능력이 자신의 미래까지 어느 정도 결정짓는다고 믿는다.

예를 들어, 학창 시절 국어 점수가 형편없었던 사람은 자신이 작가로서의 꿈을 이룰 수 없다고 생각한다. 자신뿐만 아니라 다른 사람들도 그를 그렇게 규정짓는다. 하지만 작가로서 소질이 있는지는 직접 글을 써 보고 시행착오를 겪어 봐야 알 수 있다. 국어 시험을 잘 보는 것과 글을 잘 쓰는 것은 또 다른 차원의 문제이기 때문이다. 문법적 지식과 독해력이 우수하지만 상상력이 부족한 사람은 국어 시험을 잘 볼 수는 있어도 작가가 되기는 어렵다. 오히려 작가들에게는 논리적 사고력 그 자체보다는 성격이 전혀 다른 여러 텍스트를 종합하여 자신만의 고유한 텍스트를 창조해 낼 수 있는 융합적 사고력과 창의성이 더 중요할 수 있다.

조작된 열등감은 다른 능력을 발휘할 기회를 날려버리게 만들고, 자신만의 목표를 추구하지 못하게 가로막는다. 남이 만든 기준에 철저히 종속되게 만든다. 미국의 사회학자 찰스 호튼 쿨리는 이러한 현상을 '거울 자아(Looking-glass self)'라는 개념으로 설명했다. 거울에 비친 자신의 모습을 보는 것처럼 다른 사람들이 바라보는 자신의 모습, 다른 사람들이 자신에게 기대하는 모습을 내 모습의 일부분으로 흡수해 자아상을 형성하는 것이다.

이러한 자아 개념은 무서운 결과를 초래한다. 병아리 무리 사이에서 자란 독수리 새끼는 다 자라서도 닭처럼 행동하게 된다. 누군가 만들어 놓은 평가 기준에 종속되면 자신의 고유성을 제대로 인지할 수 없다. 보편적 기준에 굴복당하는 것은 합리적이기 때문에 합리적인 바보 상태라고 할 수 있다.

사실 학벌과 창조성은 별 관련이 없다. 노벨상 수상자들을 보면 그들의 학벌이 그들 국가 내에서 명문대에 해당하지 않는 경우가 많음을 알 수 있다. 창조성은 암기식 학교 시험과 단순 논리적 사고력만 측정하는 수능 시험 따위가 함부로 예측하거나 좌우할 수 있는 것이 아니다. 창조성의 발현을 위해서는 좌뇌와 우뇌가 고도로 협력해야 하고 그 협력에서 탄생한 아이디어를 세상에 드러내고 버틸 배짱이 있어야 한다는 것을 우리는 이미 앞에서 살펴보았다. 대부분의 학교 시험은 좌뇌 기능의 일부만을 측정하는 데 초점이 맞춰져 있을 뿐이다. 좌뇌의 일부 기능만으로 자신의 잠재력을 함부로 판단하는 것은 매우 어리석다.

당신의 가능성은 스스로 증명하는 것이지, 누군가 임의로 평가할 수 있는 것이 아니다. 필자는 글 쓰는 작가에 비유했지만, 이는 다른 학문 및 예술 분야에서도 마찬가지일 것이다. 10년 후 당신이 어떠한 사람이 되어 있을지는 아무도 알 수 없다.

과거의 성과에 우쭐댈 필요도 없고, 당신에 대한 세상의 과소평가에 쫄 필요도 없다. 결국 자신의 능력과 한계를 명확히 파악하고 자신이 유리한 분야에 몰입하는 사람이 성공에 가장 가까워지게 되는 것이다.

강점에 집중하라

인간은 긍정적인 정보보다 부정적인 정보에 더 예민하게 반응하도록 설계되어 있다. 그래서 모든 사람은 자신에 대한 것이든 타인에 대한 것이든 강점보다는 약점에 집중하게 되어 있다. 자기계발을 통해 나름대로의 성장을 이루고 있는 경우라도 주변에서 들려오는 자신의 단점에 대한 이야기에 주눅이 들고, 다시 그 약점에 집착하게 되는 것이 이 세상을 살아가는 보통 사람들의 모습이다.

사실 우리의 이러한 태도는 어린 시절부터 길들여져 온 것이다. 우리는 언제나 평균으로 평가받아 왔다. 평균은 한 개인의 강점보다는 약점을 지적한다. 한 영역에서 천재적인 재능을 지닌 사람이라도 다른 영역에서 뒤처지면 대학 입시에서 불리하기 때문에 개선의 여지가 있는 학생에 불과할 뿐이다. 그래서 학교는 한 영역에서 천재가 되지 말고 모든 면에서 뒤처지지 않는 모범생이 되라고 강요한다.

하지만 평균으로는 당신의 강점을 찾기 어렵다. 당신의 강점은 약점에 묻혀서 희석된다. 평균이라는 기준은 모호하다. 당신의 고유한 개성까지 희석시킨다. 특히 천재적인 인물일수록 재능이나 관심사가 특정한 영역에 쏠려 있는 경우가 매우 많기 때문에 입게 되는 상처가 더 크다.

아인슈타인은 말했다.

"모든 사람은 천재다. 하지만 물고기들을 나무 타기 실력으로 시험한다면 물고기는 평생 자신이 바보라고 생각하며 살게 될 것이다."

천재라고 하는 인물들은 모든 것에 능통한 팔방미인이라기보다 극단적으로 발달한 1~2가지 요소를 바탕으로 다른 영역들과 조화를 이뤄가며 다양한 분야에 창조력을 발현해 내는 존재에 가깝다. 산이 높을수록 계곡이 깊게 파이는 법이다.

피카소의 경우는 공간지능이 매우 발달해 있었다. 피카소에게 있어 숫자 '2'는 '수(數)'라는 개념이기보다는 사람의 코 모양 등 숫자 '2'와 닮아 있는 여러 가지 사물로 인식될 가능성이 높다. 보통 사람들과 달리 세상을 바라보고 인식하는 방법이 현저하게 치우쳐 있다. 그러기에 언어 지능이나 논리 수학 지능이 원활하게 작동하지 못할 수 있다. 실제로 피카소는 학업 성적이 바닥이었다. 그럼에도 피카소가 예술계의 거장이 될 수 있었던 것은 그가 그림에 영재성을 지녔던 이유도 있겠지만, 무엇보다도 그의 장애와 발달 불균형에서 영재성을 볼 줄 알았던 부모의 관심과 안목에 있다 할 것이다. 화가였던 피카소의 아버지는 아들의 형편없는 성적표를 질책하는 대신 아들의 재능을 살리는 방향으로 힘을 쏟았다. 피카소는 언어를 상실하고 예술가가 되었다.

베토벤과 모차르트가 평균을 높이기 위해 수학을, 아인슈타인이 제2외국어를 공부해야 했다면 보통 사람보다도 못한 존재가 될 수도 있었다.

다방면의 지식을 편식하지 않고 흡수하는 것도 창조성 발현을 위해 매우 중요하지만, 약점은 강점이 그 기능을 제대로 발휘하는 데 지장이 없는 수준에서 보완되면 된다.

예를 들어 수학과 철학은 전혀 관련이 없는 영역처럼 보이지만 일정한 경지에 도달한 수학자가 자신이 이룬 학문적 성과를 뛰어넘기 위해서는 철학을 공부해야 할 필요성을 느끼게 될 날이 찾아오게 된다. 모든 학문은 일정한 높이에서 하나로 통한다. 하지만 이는 수학자가 자신의 학문적 성과를 달성하는 데 필요한 만큼만 철학을 공부하면 되는 것이다. 제너럴리스트가 되기 위해서는 우선 특정 영역에 대한 집중이 필요하다. 그 집중력이 유사 영역으로, 전혀 반대되는 영역으로 점차 퍼져 나갈 때, 진정한 의미에서의 제너럴리스트가 되는 것이다.

약점에 집착하고 파고드는 합리적인 사람은 자신이 실패해도 되는 명분을, 자신이 아무런 시도도 하지 않는 명분을 쥐고 있는 것과 같다.

반면, 자신의 강점에 집중하는 사람은 강점을 극대화하는 차원에서 전략적으로 약점을 보완할 뿐이다.

'당신은 뛰어난 사람인가?'라는 질문은 틀렸다

미국의 심리학자 하워드 가드너는 인간의 지능을 8가지, 즉 음악적 지능, 신체 운동 지능, 논리 수학적 지능, 언어적 지능, 공간적 지능, 대인관계 지능, 자기 이해 지능, 자연 탐구 지능으로 구분하고, 각 영역은 서로 독립적이어서 영향을 끼치지 않는다고 주장하였다. 독립적이라는 의미는 어느 한 분야의 지능이 우수하다고 해서 다른 분야의 지능까지 우수함을 보장하진 않는다는 것이다. 이를 다중 지능 이론이라고 한다.

이런 맥락에서 "당신은 뛰어난 사람인가?"라는 질문은 틀렸다. 차라리 "당신은 어디에 뛰어난 사람인가?"라는 질문이 더 생산적일 것이다.

물론 자신의 재능이, 비범함이 어디에 숨겨져 있는지 찾는 것은 어려운 일이다.

강점을 찾기가 어려운가? 그렇다면 자신이 약점이라고 생각하는 부분부터 살펴보아라. 의외로 강점의 힌트는 자신이 회피하고 싶어 하는 부분에 숨어 있는 경우가 많다.

당신도 영재일 수 있다

'영재'라는 단어는 들었을 때 기분은 좋지만 매우 부담스러운 느낌도 들 수 있는 단어다. 왜냐하면 '영재'라는 단어가 주는 느낌은 실로 매우 강렬하기 때문이다. 영재(gifted person)란 비범한 잠재력의 소유자를 말한다. 즉 영재는 특별함을 의미한다. 사람들 사이에서 군계일학을 자처하는 말이 된다. 그래서 대부분의 사람들은 영재라는 단어에 큰 부담을 느끼며 자신과는 전혀 관련이 없는 개념이라고 여기게 된다.

흔히 비범한 잠재력을 타고난 아이나 성인을 지칭하여 영재라고 할 때, 여기서 말하는 비범한 잠재력은 어느 정도 수준인가? 굉장히 난해한 수학 문제를 척척 풀어낸다든가, 세상을 뒤집을 수준의 재능을 영재성이라고 하는가? IQ가 140이 넘으면 영재인가?

한국 사회는 공부를 잘하거나 IQ가 높은 사람들만 영재로 취급하는 경향이 있다. 그 외 다른 독특한 기질을 지닌 사람들은 영재의 범위에서 대부분 제외된다. 하지만 영재라는 것은 단순히 공부를 잘하거나 지식의 많음, IQ가 높음을 의미하지 않는다. 분야도 매우 다양하다. 특정 분야에 강렬한 호기심을 가지며 지속적으로 몰입하고 이해력, 통찰력 등이 탁월하여 일반인들보다 더욱 심오하게 사고할 줄 아는 존재가 영재다. 당신이 학창 시절에 보여 왔던 학업 성적이나 대학 간판이 당신의 영재 여부를 결정할 수는 없다. 영재성은 비정형적인 것이기 때문에 획일화된 시험지나 평가 기준만으로는 단정 지을 수 없다. 이 책을 보는 당신도 영재일 수 있다. 그러니 당신의 영재성에 대해 너무 단정 짓지는 말길 바란다.

당신의 재능에 대해 다시 한 번 생각해 보는 시간을 가져 보는 것은 어떠한가? 미국에서 영재 교육의 대가로 통하는 조셉 렌줄리는 극단적으로 높을 필요가 없는 보통 이상의 지능, 우수한 창의성, 우수한 과제 집착력, 이 세 가지를 고루 갖춘 아이나 성인을 영재라고 보고 있다. (창의성과 과제 집착력이 우수한 경우 IQ 110~120에 속한 사람들을 영재로 분류하기도 한다.)

세계보건기구(WHO)는 전체 인구의 2% 정도가 영재라고 추정하며, 어떤 학자들은 5%까지 보기도 한다. 2%~5%는 매우 희소해 보이는 수치지만, 최소 50명 중 1명 이상은 영재에 해당한다는 말이고, 생각보다 주변에서 어렵지 않게 찾아볼 수 있음을 의미한다. 가족 중에 있을 수도 있고 학교나 직장 내에도 영재가 있을 수 있다.

영재라고 해서 어린 나이부터 세상을 떠들썩하게 할 만한 재능을 보이는 것은 아니다. 아무리 영재라고 해도 분야마다 자신의 영재성을 발견하고 발현시키는 데 걸리는 시간은 다를 수 있다. 어릴 적 평범했던 사람이 성인이 되어 갑자기 영재성을 드러낼 수도 있다. 다소 늦은 나이에 자신의 영재성을 꽃피우는 사람도 있다는 것을 잊지 말아야 한다.

Creativeness Class

07

내성적인가? 축하한다

내향성은 외향성과 대비되는 일종의 성격적 특징에 불과하다.
결코 바꿔야 하거나 바꿀 수 있는 심리적 문제나 성격적 결함이 아니다.

– 수전 케인

대부분의 집단은 소통과 공감을 명분으로 외향적인 사람을 선호한다. 너무 조용하고 혼자 있는 시간이 많은 사람은 자신감도, 의욕도 없어 보이기 때문이다. 보이는 것과 실재는 다름에도 불구하고 말이다.

많은 사람들이 "외향적인 사람이 되기 위해 노력하라."는 무언의 압박에 시달리고 있다. 자신을 사회적 기준에 맞추기 위해 노력한다. 자신의 내성적인 성격을 애써 외향적인 성격으로 고치려고 든다.

하지만 필자는 내성적인 성격을 고치지 말 것을 주문한다. 성격은 노력한다고 고쳐질 수 있는 것이 아닐뿐더러, 억지로 외향성을 흉내 내는 데 성공한다고 해도 당신의 내적 고통만 깊어질 뿐이기 때문이다. 사람들이 당신의 외형을 아무리 칭찬해도 당신의 속이 썩어 들어간다면 그것이 무슨 소용이라는 말인가?

오히려 창의성은 내성적인 성격을 지닌 사람에게 유리할 수 있다. 창의성은 사교적인 분위기 속에서 발휘된다고 생각하는 경향이 있는데, 여기엔 허점이 있다. 사교적인 분위기는 한 개인 내면의 독창성보다는 대세를 중시하기 쉽기 때문이다. 이를 집단적 사고라고 한다. 외향적인 사람들은 분위기를 주도하지만, 말을 잘하는 것과 훌륭한 아이디어를 갖는 것은 사실 별개의 문제다. 또한 사교적 기술이 좋다고 해서 반드시 공감 능력과 소통 능력이 탁월한 것은 아니다. 외향적인 성격은 갈등을 회피한다. 모두가 몸담을 수 있는 무난한 분위기를 추구한다. 그래서 개인보다 대세를 중시하고, 대부분의 사람들이 동의할 수 있는 아이디어를 채택한다. 유별나고 남다른 아이디어를 배척하는 경향이 있다. 반면, 내성적인 사람은 외부의 분위기보다는 내면의 독창성에 집중한다. 외부의 지배적인 의견으로부터 자신의 아이디어가 감염되지 않도록 지켜낸다.

진화론으로 세상을 발칵 뒤집은 찰스 다윈, 애플 공동창업자 스티브 워즈니악, 20세기를 대표하는 지성 아인슈타인, 인도의 정신적 지도자 간디. 이들은 모두 내성적인 성격이었다. 내성적인 간디가 어떻게 정신적 지도자가 될 수 있었는지, 내성적인 아인슈타인이 어떻게 권위에 반항적일 수 있었는지, 그리고 이들이 어떻게 세상을 변화시킬 수 있었는지 생각해 보자. 내성적인 사람은 자신의 독창성을 지켜내며 강한 내적 동기가 따를 경우 외부의 그 무엇과도 타협하지 않는 배짱을 발휘할 수 있다.

극단의 단점은 극단의 장점과 맞닿아 있다

이번에는 내성적인 성격보다도 더욱 극단적인 경우를 소개하고자 한다.

모든 성격에는 양면이 존재한다. 극단적인 단점은 극단적인 장점이 되기도 한다.

꿈을 향한 충동이 너무 커서 현실을 버리고 과감히 이상을 좇는 사람들이 있다. 이런 사람들을 두고 '분열성 성격'이라고 한다.

분열성 성격을 가진 사람들은 단체 생활을 어려워하고 엄한 위계질서나 규칙을 매우 답답하게 느낀다. 다른 사람이 자기 일에 간섭하거나 자신의 의지에 영향을 미치려고 하면 자기만의 세계로 들어가 버린다. 자신의 내적 세계에만 머무르다 보니 대인관계에 취약할 수밖에 없다. 이런 사람들이 다른 사람에 대해 무관심하고 감정 표현이 서투른 것은 이런 이유에서다.

하지만 분열성 성격을 가진 사람 중에는 천재성과 예술성을 보이는 경우가 많다. 남다른 목표 추구와 극단적인 집중력이 한 분야에서 최고의 위치에 오르게 만든 것이다. 이들은 사회생활에 대한 관계가 결여되어 있어도 힘들어하지 않는다. 억지로 대인관계를 맺고 유지하는 것은 필요 이상으로 에너지를 낭비하는 것이라고 생각하기 때문이다. 이들은 자신의 내면 깊은 곳으로 숨어 상상의 세계에서 만족을 찾을 수 있는 자기 충족적 능력이 우수하다. 흔히들 창조성의 핵심은 '배짱'에 있다고 하는데 분열성 성격은 배짱을 발휘하는 데 있어서만큼은 유리하다. 분열성 성격을 가진 사람들은 외부 세계의 규칙이나 질서에 따르기보다는 자신의 규칙과 질서를 따르려 한다. 때문에 주체할 수 없는 상상력과 과흥분성을 철저한 재능 계발로 돌리고 자신만의 독창적인 세계를 창조해 낼 수 있는 것이다.

당신은 남들과 조금 다른 사람인가? ADHD인가? 자폐 스펙트럼에 해당하는가? 그렇다면 이 장애를 창조성으로 승화시킨 사람들의 사례를 찾아보라. 의외로 엄청난 창조성과 긴밀하게 연결되어 있음을 발견할 수 있을 것이다.

극단의 단점은 극단의 장점과 맞닿아 있는 경우가 많다. 당신의 강점이 무엇인지 잘 모르겠거든, 평소 약점으로 여기고 있던 부분을 면밀히 살펴볼 것을 권한다.

나이 든다고 창조성이
퇴화되는 것은 아니다

나이를 먹을수록 세상을 바라보는 분별력과
삶에 대한 애착이 깊어지는 것이다.

－발타자르 그라시안

심리학자 카텔은 지능을 유동 지능(fluid intelligence)과 결정 지능(crystallized intelligence)으로 구분했다.

유동 지능은 새롭고 추상적인 문제를 해결하는 능력에 해당한다. 후천적 경험이나 지식이 관여하지 못하는 영역으로 유전적 요소에 영향을 많이 받는 지능이다. 예를 들어 빠진 곳 찾기, 차례 맞추기, 모양 추론하기, 숫자 외우기 등 주어진 대상을 분석하여 일정한 규칙을 추론해 내는 능력과 관련이 있다.

반면, 결정 지능은 환경으로부터 후천적으로 경험하고 학습된 영역과 관련이 있다. 여기에는 어휘 이해력, 계산 능력, 상식 등이 해당한다. 이 결정 지능은 지식과 경험이 축적될수록 높아지는 경향을 보인다.

유동 지능은 생리적 영향을 많이 받으므로 생애 초기에 급상승되고 상당히 빨리 감소하는데, 20세에 정점을 기록하고 그 이후부터 급격하게 줄어드는 모습을 보인다. 이 때문에 70세 이상의 노인들은 두뇌 순발력이나 추론력을 요구하는 퍼즐 맞추기, 미로 찾기 등의 게임을 어려워할 수 있다.

반면, 결정 지능은 생애에 걸쳐 계속 증가한다. 나이를 먹을수록 경험과 지식이 풍부해지기 때문이다. 중년의 나이에도 위대한 업적을 낳은 천재들이 많은데, 나이를 먹어 감에 따라 유동 지능이 퇴화하는 것은 맞지만 결정 지능이 이를 보완해 주기 때문이다. 창조성이라는 것은 기존의 지식과 정보를 융합하여 새로운 가치를 창출해 내는 행위인데 비록 나이가 들어 그러한 정보를 받아들이고 정리하는 유능한 콘텐츠 제작자(유동 지능)는 퇴직했지만 젊은 시절 콘텐츠 제작자가 미리 정리해 놓은 다방면의 콘텐츠(결정 지능)는 그대로 남아 있는 것이다. 그러므로 창조성을 발휘하는 데 연령의 증가가 꼭 걸림돌이 되는 것은 아니다.

실제로 고령의 피카소는 젊은 시절 못지않게 수많은 작품을 마구 쏟아냈으며, 칸트 역시 늦은 나이에 교수가 됐지만 철저한 자기 관리를 통해 《순수이성비판》과 같은 훌륭한 저작들을 남길 수 있었다.

연령의 증가가 꼭 창조성의 퇴화를 의미하지는 않는다. 지금까지 축적한 경험과 지식을 새로운 무엇인가를 발견해 내는 데 고정관념으로 작용하지 않도록 주의만 하면 매우 훌륭한 창조의 재료가 될 수 있다.

결핍감을 창조의 동력으로 활용하라

인간은 살아 있기 위해 무언가에 대한 열망을 간직해야 한다.

— 마가렛 딜란드

당신은 당신 자신에 대해서 만족스러운가? 이 책을 읽는 대부분의 독자들은 만족하지 못할 것이다. 그만큼 남다른 인생을 살고 싶은 의욕이 강할 테니 말이다.

어쨌든 그 불만족스러운 감정을 표현하는 단어에는 여러 가지가 있겠으나 필자는 그 감정을 '결핍감'이라고 정의해 보겠다.

결핍감이라는 감정은 인간 본성에 뿌리박힌 감정이다. 피하려 해도 도저히 피할 수 없다. 하지만 결핍감이라는 감정 그 자체를 너무 부정적인 것으로 볼 필요는 없다. 이 감정을 대하는 사람의 능력과 태도에 따라 전혀 다른 결과를 맞이할 수 있기 때문이다. 필자는 이 결핍감이라는 감정 자체를 억누르려 하기보다는 생산적인 방향으로 해소할 것을 권장한다.

사실 인류가 지금까지 발전할 수 있었던 것은 결핍감 덕분이다. 인간은 언제나 오늘보다 더 나은 미래를 갈망한다. 그 불편한 감정이 오늘날의 당신이 있도록 만들어 준 것일 수 있다. 적당히 만족스러운 사람은 남다른 시도를 하다가도 조금만 실패의 가능성이 엿보이면 철회를 선택한다. 굳이 고뇌를 자초할 필요가 없는 것이다. 경제력, 인맥, 학력, 기회, 이 모든 것이 갖추어질 때 자신의 별을 좇아가겠다는 사람들은 사실 모든 것이 갖추어져도 움직이지 못한다.

성인의 경지에 오르지 않고서야 결핍감 자체를 없애는 것은 불가능하다. 단지 그것을 잘 활용하는 부류와 잘못 활용하는 부류가 있을 뿐이다.

결핍감을 잘못 활용하는 대부분의 사람들은 자신이 진정으로 추구하는 가치에 대한 결핍감이 아니라, 남과 비교하여 얻은 결핍감으로 잘못된 방향 설정을 한다. 남과 비교해서 얻는 결핍감은 당신에게 당장은 강력한 동기를 제공해 줄 수 있지만, 방향이 틀린 노력을 하게 만들 수 있는 것이다.

하지만 결핍감을 창조적으로 활용하는 사람은 자신이 진정으로 원하는 것이 무엇인지 아는 상태에서 자신의 강한 자의식(ego)을 능수능란하게 다루는 사람이라고 할 수 있다. 이들에게 있어 결핍감은 매우 좋은 것이다. 창조 행위의 강한 동력이 될 수 있기 때문이다. 이들의 뜨거운 결핍감은 강력한 엔진으로 전환된다. 내면에 강한 결핍감이 있는 사람들은 치열하다. 자신의 모든 것을 쏟아부어 목표 달성에 정진한다.

인생에 무엇이 결핍되어 있다는 것은 좋은 것이다. 단, 타인과의 단순 비교를 통한 것이 아닌 당신이 진정으로 원하는 것에 대한 결핍감이어야 한다.

결핍감을 치열한 창작 행위의 동력으로 사용하라. 당신은 무엇이 불만인가? 세상이 당신을 대하는 태도 중 무엇이 마음에 들지 않는가? 그것을 뛰어넘어라.

PART
03

창조의 기술

Creativeness
Class

볼테르는 "독창성은 신중한 표절에 불과하다."고 하였다.
철학, 과학, 예술 등을 포함한 어느 분야든 이 세상에 저 혼자 독창적인 것은 존재하지 않는다.
자신보다 앞선 지성이 이루어 놓은 위대한 업적을 모방 및 학습하고,
그들이 작품을 끝맺어 놓은 지점부터 시작해 이들보다 한두 걸음 앞으로 더 나아가면
그것이 바로 독창성이다.

처음부터 완벽을 기대하지 마라

나는 선수 생활 중 9,000번이 넘는 슛을 실패했고, 300회의 경기에서 패배했다.
경기를 뒤집을 수 있는 기회가 나에게 26차례 주어졌지만 모두 실패했다.
나는 많은 실패를 경험했다. 그리고 그 덕분에 슛을 잘 날릴 수 있게 되었다.

– 마이클 조던

처음부터 너무 큰 기대를 가지고 덤벼드는 것은 오히려 당신의 의욕을 꺾는 결과를 초래할 수 있다. 완벽주의는 새로운 일에 도전하려는 시도 자체를 아예 못하게 만드는 수도 있다.

애벌레가 나비가 되려면 일정한 시간이 필요하다. 나뭇잎을 먹으면서 영양분을 보충하는 시간이 필요하고, 고치 속에 들어가 세상과 단절된 고립의 시간도 보내야 한다. 나뭇잎을 뜯어 먹는 단계에서 갑자기 날개가 돋아나는 일은 없다.

우리는 성공한 사람들을 보면서 이들에게 마치 처음부터 날개가 달려 있었다고 생각한다. 역사상 유명한 천재들은 항상 성공적인 인생을 산 것처럼 보인다. 이들은 언제 어디서든 창조적 성취를 매우 쉽게 이루었을 것이라 생각된다. 이들의 압도적인 성취 앞에서 비교되는 자신의 재능은 너무나 비루하므로 진취적이고 새로운 도전을 하지 않아도 될 합리적 명분이 생기게 되는 것이다. 이것은 자신의 위대함을 거부하려는 노력이다. 즉 자기 확신을 두려워하는 것이다.

역사상 유명한 천재들은 매우 많은 작품들을 쏟아냈지만, 그들의 모든 작품이 성공적인 것은 아니었다. 그 결과물 중 극히 일부만 우리에게 알려져 있는 것이다.

극작가 셰익스피어는 40편의 희곡과 150편이 넘는 시를 지었지만 성공한 작품 몇 개를 빼놓고는 인류의 기억에 존재하지 않는다. 찰스 다윈은 《종의 기원》하나만 발표해서 이 세상을 뒤집은 것처럼 보이지만, 사실 100편이 넘는 논문을 발표했다. 모차르트 역시 600편이 넘는 곡을 발표했지만, 인류가 즐겨 듣는 그의 멋진 곡들은 소수에 불과하다.

어니스트 헤밍웨이는 "모든 초고는 걸레다."라고 하였다. 그의 작품 《무기여 잘 있거라》의 엔딩 부분은 무려 39번을 고쳐 쓴 것으로 알려져 있다. 문장 하나 때문에 몇 시간을 고민하고 고쳐 쓴 경우도 많았다. 아무리 천재 작가라고 해도 일필휘지로 처음부터 완벽한 글을 써 내려갈 수는 없는 것이다.

100번의 시도 중 99번을 실패해도 매우 훌륭한 1번의 성공이 있으면
인류는 당신의 이름을 기억하고 나머지 99번의 실패에 대해서는
곧 망각하게 된다.

100번의 시도 중 99번을 실패해도 매우 훌륭한 1번의 성공이 있으면 인류는 당신의 이름을 기억하고 나머지 99번의 실패에 대해서는 곧 망각하게 된다.

《안네의 일기》는 15군데의 출판사로부터 거절당했다. 마거릿 미첼의 《바람과 함께 사라지다》는 38군데에서, 《해리 포터와 마법사의 돌》은 12군데의 출판사로부터 거절당했지만 최고의 베스트셀러가 되었다.

구글도 사업계획을 발표하는 최초의 자리에서 투자자들에게 30번 넘게 거절당했다.

당신이 어떤 일에 도전한 횟수나 당신의 작품이 거절당한 횟수는 별로 중요하지 않다. 오히려 많은 실패를 겪고 이룬 성공은 당신을 더욱더 강하고 멋진 사람으로 보이게 만들어 준다.

많이 시도하는 사람이 가장 창조적인 사람이다

픽사 애니메이션 스튜디오 회장인 에드윈 캐트멀은 창의성의 비결은 실패에 대한 도전이라고 말한다.

그는 직원들에게 모든 수단을 동원하여 빨리 실패하라고 말한다. 이들은 실수나 잘못이 발생해도 책임을 따지고 누군가를 비난하는 데 시간을 낭비하지 않는다. 실패에 두려움을 느끼게 되면 창의성이 사라진다는 점을 픽사는 잘 알고 있는 것이다.

창조의 세계에 있어서는 '나는 항상 멋진 작품만 남기겠다'라는 태도보다는 많이, 다양하게 시도하겠다는 태도가 더 유리하다.

창작의 방향을 정하면 이에 대해 현실적이든 비현실적이든 많은 아이디어를 쏟아내고 다양한 시도를 해 보는 것이 좋다. 그 과정에서 물론 졸작도 나오겠지만 어쨌든 그 작품들 중에서 보통 이상의 평가를 받는 것들이 나오기 시작할 것이다. 그리고 그 보통 이상의 작품을 만드는 것이 일상이 되면 그 보통 이상의 작품들 중에서 역작이 탄생할 것이다.

당신의 총은 형태가 불분명하고 다리가 달려 움직이는 표적지를 향해 있다. 그 표적지를 향해 처음에는 상당히 무겁고 버거운 한 발 한 발을 쏘겠지만, 그 신중함에도 불구하고 표적지를 당연히 빗나가고 말 것이다. 하지만 점차 창조적 행위에 익숙해지고 실패에도 익숙해지면 총을 재장전하고 정조준하는 시간이 줄어들게 될 것이다. 그러면 그만큼 당신은 표적지를 향해 다른 사람들보다 많은 총알을 쏘게 될 것이다. 대부분의 총알은 표적지를 빗나가겠지만 그중 하나의 총알만 표적지를 명중시키면 그 작품이 역작이며, 세상은 당신의 이름을 기억하게 될 것이다. 설령 명중시키지 못한다 할지라도 당신은 이미 수많은 작품을 세상에 탄생시킨 창조자가 된다. 천재의 반열에 오르진 못하더라도 보통 이상의 작품을 여러 개 탄생시킨 것만으로도 당신은 그 분야에서 전문가로서 인정받게 된다. 천재와 보통 사람의 중간 정도에 위치한 '창조적인 인물'로 일컬어지는 데는 전혀 문제가 없다. 결국 창작의 고통과 실패를 극복하고 최대한 많은 시도를 하는 사람이 가장 창조적인 인물이 되는 것이다.

처음 시도가 성공적이지 못했다면 두 번째는 조금 다른 시도를 해 보아라. 고민하고 수정하고 보완하면서 계속 시도하라. 창작의 과정에서 실패는 결코 피할 수 없다. 필수적이다.

실패는 고정적인 상태가 아니다. 곧 흘러간다. 당신이 준비한 프로젝트는 거기까지일지 몰라도 당신의 길은 계속 이어진다.

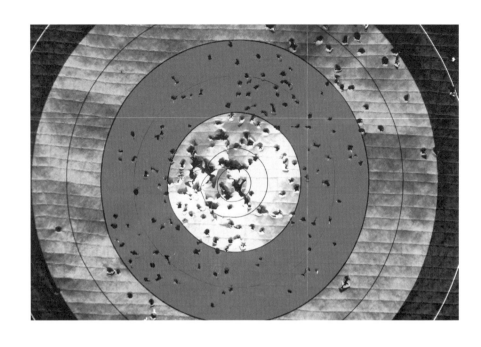

처음 시도가 성공적이지 못했다면
두 번째는 조금 다른 시도를 해 보아라.
고민하고 수정하고 보완하면서 계속 시도하라.
창작의 과정에서 실패는 결코 피할 수 없다. 필수적이다.

거꾸로 생각하라

나는 일부러 내 생각과 모순되게 행동한다.
익숙한 내 취향에 타협하는 일이 없도록 하기 위해서다.
— 마르셀 뒤샹

창조적인 사람이 되려면 남들이 보지 못하는 것을 보아야 한다. 익숙한 모든 사물을 새로운 방법으로 접근해야 한다. 사고 방식을 정반대로 돌리면 생각지도 못한 아이디어가 떠오르게 되고, 의외로 새로운 해결책을 찾아내는 경우가 많다.

관점을 뒤집어라. 이 세상을 반대로 바라보라.

미켈란젤로는 자유를 향한 노예들의 사투를 다룬 4점의 미완성 조각품을 남겼다. 이 작품들에 붙여진 제목은 〈큰 덩이 머리 노예〉, 〈젊은 노예〉, 〈잠에서 깨어나는 노예〉, 〈수염 난 노예〉이다. 이들 조각에서 팔과 다리는 그런대로 형태를 유지하고 있지

118

만, 나머지 부분들은 대충 뭉뚱그려졌다. '자유를 향한 노예들의 사투'라는 작품의 주제처럼 노예들은 자신들을 붙잡아 두는 미완성 돌덩이로부터 탈출하려는 것처럼 보인다.

사람들은 이 미완성 작품을 대수롭지 않게 생각했다. 미완성이기 때문에 완성품보다 그 가치가 떨어지는 것은 당연했다. 그것이 상식이다. 그래서 이 미완성 작품들은 한때 차가운 박물관 지하실에 방치되었다.

하지만 이에 영감을 받은 조각가가 있었으니, 그 천재의 이름은 로댕이다. 로댕은 완성품은 그 완성도 때문에 오히려 풍부한 표현력을 잃는다고 생각하였다. 영감을 받은 로댕은 고의로 미완성 작품들을 만들었는데, 이것은 완성품에 대한 경멸에 가까웠다. 로댕은 미완성된 부분들에 대해서 관람객들의 자유로운 상상력이 가미될 여지를 남겨 두었다. 이제 작품을 완성시키는 것은 예술가가 아니라 작품을 바라보는 관객이다. 물론 정교하게 깎여진 완성품만을 최상의 가치로 여겼던 당시 사람들은 로댕을 매우 게으른 예술가라고 여겼지만 말이다.

하나의 과제에 몰두할 때 당신이 하던 일을 뒤집어서 생각해 보라. 작은 것은 크게, 큰 것은 작게, 아름다운 것은 추하게, 안은 밖으로….

모방하고 훔쳐라

아무것도 흉내 내고 싶어 하지 않는 사람은
아무것도 생산할 수 없는 사람이다.

– 살바도르 달리

우리는 모방과 독창성을 상반되는 관계로 생각하는 경향이
있다. 모방은 자기 자신을 잃어버리는 과정이고 독창성 발휘에
독이 된다는 것이다.

하지만 진정으로 창조적인 사람들은 모방은 독창성과 상반되
는 관계가 아니라, 점증 관계라고 말한다. 어느 예술가든 그들
의 초기 작품을 보면 진정한 자신의 목소리를 찾기 전까지 무엇
인가를 모방하고 있음을 발견할 수 있다. 마냥 독특한 것, 미숙
한 것이 독창성은 아니라는 말이다.

맛없는 음식을 두고 아무리 독창성이라고 한들 그 음식에 손
을 대는 사람은 아무도 없을 것이다. 독창성은 자신 내면의 근

원적인 곳에서부터 나오는 것이지만 그것이 외부 세상에서 창조적인 형태로 드러나기 위해서는 현실의 요건을 충족하는 정교화 과정이 반드시 필요하다. 제아무리 위대한 예술가라도 자신의 초기 아이디어를 있는 그대로 세상에 내놓는 경우는 없다.

대중이, 세상이 작품을 받아들이는 데에는 그 탄력성에 한계가 있다. 때문에 우리는 기존의 규칙과 형식을 학습할 필요가 있고 창조의 도구와 기술을 연마해야 하는 것이다.

볼테르는 "독창성은 신중한 표절에 불과하다."고 하였다. 철학, 과학, 예술 등을 포함한 어느 분야든 이 세상에 저 혼자 독창적인 것은 존재하지 않는다. 자신보다 앞선 지성이 이루어 놓은 위대한 업적을 모방 및 학습하고, 그들이 작품을 끝맺어 놓은 지점부터 시작해 이들보다 한두 걸음 앞으로 더 나아가면 그것이 바로 독창성이다.

모방과 학습을 통해 방대한 데이터를 쌓아 두면 그것들을 전혀 다른 분야에 적용시킬 수 있게 되는데, 이럴 경우 모방보다는 전용에 더 가까워진다. 전용은 모방보다 더 높은 경지에 도달해 있는 것이다. 이는 파블로 피카소가 자주 취한 방법이다. 그의 그림은 얼핏 보기에 매우 독특하고 개성적으로 보이지만, 다른 화가들의 작품에서 유사한 부분들이 꽤나 많이 발견된다. 그는 다른 화가들의 작품도 모방했지만, 미술과 전혀 관련이 없는 일상의 소품에서, 갤러리에서 볼 수 있는 전시물들에서 영감을 얻어 그것을 자신만의 방식으로 재구성한 뒤 작품에 담아내었다. 그의 말마따나 좋은 예술가는 모방하지만 위대한 예술가는 훔친다. 훔치는 것은 모방하는 것보다 높은 경지다.

독창적인 사람이 되고 싶은가? 그렇다면 일단 다른 사람을 모방하라. 그리고 훔쳐라. 일상에서 발견되는 흔한 것들에서, 자신의 전공과 전혀 상관없는 다른 분야에서 가능성을 찾아내고 그것을 당신의 작품에 반영시켜라.

기업가가 예술가들로부터 배울 수 있는 것은 무엇인가?

예술계 안에서도 글을 쓰는 작가는 그림을 그리는 화가에게서 무엇을 배울 수 있는가?

난제에 대한 최고의 해결책은 그 분야와 전혀 상관없어 보이는 엉뚱한 곳에서 제시되곤 한다.

아이작 뉴턴은 "다른 사람들보다 더 많이 보았다면 그것은 거인의 어깨에 서 있는 것."이라고 말했다. 여기서 교훈은 우리 모두가 거인들의 어깨에 서서 열정을 사용하여 주제에 대해 알게 되는 모든 것을 흡수하고 창의력을 발휘하여 최첨단을 발전시킬 수 있다는 것이다.

아인슈타인은 "창의력의 비밀은 그 근원을 숨기는 방법을 아는 데 있다."라고 하였다. 헤밍웨이는 "내가 아이디어를 빌린 모든 사람들을 열거하려면 하루가 걸릴 것이며, 살아 있거나 죽은 사람들 모두에게서 배우는 것은 전혀 새로운 것이 아니다. 작가와 마찬가지로 글쓰기에 관해서도 화가들로부터 많은 것을 배운다."라고 하였고, 시나리오 작가 윌슨 위즈너는 "한 저자의 것을 훔쳐 가면 표절이 되지만, 많은 저자의 것을 훔쳐 가면 연구 결과가 된다."라는 말을 남겼다.

다방면의 지식과 경험을 축적하라

예술가는 고래와 같아야 한다. 입을 벌린 채 바닷속을 헤엄쳐 다니면서
필요한 것을 얻을 때까지 모든 것을 집어삼키는 고래 말이다.

– 로메어 비어든

사람들은 불필요한 지식과 경험이 자유로운 사고를 가로막는
다고 보는 경향이 있다. 하지만 매우 창조적이라고 일컬어지는
위인들은 다방면으로 박학다식했다. 창조성이 위대한 사람은
지식과 경험이 좁은 분야에만 집중되어 있는 스페셜리스트가
아니라, 주요 분야를 중심으로 다양한 분야에 걸쳐 식견을 갖
춘, 스페셜리스트와 제너럴리스트의 혼합형이다.

다방면에 축적된 지식과 경험은 창의성의 훌륭한 재료가 된
다. 이는 음식을 만드는 과정과 흡사하다. 무조건 재료만 많이
모은다고 훌륭한 음식을 만들 수 있는 것은 아니지만, 일단 음
식을 완성하려면 충분한 재료가 구비되어 있어야 하는 것이다.

재료를 많이 준비해 놓을수록 그 조합에 따라 만들어 낼 수 있는 음식의 가지 수가 훨씬 많아지게 된다.

지구에 산(山)이 있듯이, 달에도 산이 있다. 이 사실을 처음 알아낸 사람은 16세기의 천문학자 갈릴레이다. 당시 갈릴레이 못지않은 수많은 천문학자들이 있었지만, 그들은 그 사실을 알아채지 못했다. 갈릴레이는 달에 산이 있다는 사실을 어떻게 알수 있었을까?

그것은 그가 과학자임에도 유화와 스케치를 즐겼다는 것과 큰 관련이 있다. 그는 그림을 그리면서 명암대조법이라는 회화 기법에 익숙해져 있었기 때문에 달 표면의 밝은 면과 어두운 면의 경계에서 산의 존재를 과학적으로 추론해 낼 수 있었던 것이다.

자신의 전문 분야 외의 다른 분야에 취미를 갖는 것은 새로운 시각을 얻을 수 있는 방법이고, 결과적으로 창조성을 증대시킬 수 있다.

미시간 대학 연구팀은 1901년에서 2005년까지 노벨상을 받은 과학자와 그렇지 못한 과학자의 차이점을 조사했다. 이 두 그룹 모두 자기 분야에서 최고의 전문성을 가지고 있었지만 한 가지 큰 차이점이 있었다. 노벨상을 받은 그룹의 과학자들은 예술 활동을 즐기는 경우가 많았던 것이다. 이들은 음악, 미술, 공예, 글쓰기, 공연 등 각 분야에 걸쳐 흥미를 보였다. 그래서 자신의 전문 영역을 이미 익숙한 관점이 아닌 전혀 새로운 관점으로 바라보고 창조성을 발휘할 수 있었던 것이다.

당신의 전공은 무엇인가? 당신의 직업은 무엇인가? 당신의 전문 분야는 무엇인가?

그 분야에서 창조성을 발휘하고 싶다면 잠시 책을 덮고 그 분야와 정반대되는 분야에 취미를 가져 볼 것을 권한다.

정찰병이 되어 일상에서도 새로운 것을 발견하라. 호기심을 가지고 일상의 흔한 사물과 현상을 바라보라.

남들과 똑같은 사물을 보더라도 전혀 다른 것을 발견하게 될 것이다. 영감이 떠오르는 곳은 처음부터 정해져 있지 않다. 일상에서 마주하는 사소한 자극 속에 영감이 깃들어 있다.

특정 주제에 몰입하는 것도 중요하지만 좀 더 원거리에서 다양한 데이터에 관심을 두는 것도 중요하다. 창조성은 결코 하나의 원천에서 나오는 법이 없다.

다양한 원천에서 실마리를 찾아라. 매일 같은 장소에서만 일에 몰두하는 것도 피하라.

당신의 작업실에 너무나 익숙해져 있는가? 창조의 자극제가 필요한가? 지금 있는 방에서 나와라.

새롭고 낯선 장소를 찾아가라. 미술 작품이 전시된 갤러리나 전시회에 가서 자극을 받아라. 낯선 장소에 가면 항상 같은 방식으로만 작동하던 눈과 귀가 새롭게 열리게 될 것이다.

호르헤 오돈은 자동차 수리공이지만 병 안의 코르크 마개를 꺼내는 방법을 소개하는 영상을 보고 수많은 산모와 아기의 목숨을 구할 출산 장치를 개발해 내었다. 의사나 의학자들도 못한 것을 어떻게 자동차 수리공이 개발해 낼 수 있었을까? 오히려 의학적 지식이 없이 공학적 지식으로 접근할 수 있었기 때문에 출산 장치를 개발해 낼 수 있었던 것이다.

사용빈도가 높지 않은 기술이 있는가? 그래서 그것을 그대로 방치해 두고 있는가? 단순해 보이는 그 기술이 다른 분야에서 혁신적인 용도로 전환될 수 있다.

당신의 분야에서 별 소용이 없는 기술이 다른 분야에서는 더 가치 있게 사용될 수도 있다. 구텐베르크는 포도 축제에서 포도즙 짜는 기계를 보고는 인쇄기에 대한 중요한 힌트를 얻을 수 있었다. 심장병 치료제를 만들던 사람이 최초의 연구 목적과 전혀 무관해 보이는 발기부전 치료제를 개발했다.

항상 같은 환경 속에서만 사유를 하면 기존의 것에서 크게 벗어나지 않는 수준의 아이디어가 떠오를 뿐이다. 당신이 보유한 기술을 당신의 분야와 전혀 무관한 곳에 적용해 보라. 또 반대로 완전히 다른 분야의 기술을 당신의 분야에 적용해 보라.

다른 문화의, 다른 분야의 기술을 이용하여 당신이 직면한 문제를 해결하라.

기존의 것을 가져다가 당신의 목적에 맞게 변형시키고 세련되게 다듬어 내어라.

관련성도 중요하다

손에 잡히는 결과를 원한다면 '다양성'과 '관련성'이 서로 균형을 이루는 것이 관건이다.

당신이 얻고자 하는 결과는 무엇인가? 문제를 해결하기 위해서는 어디서부터, 무엇을, 어느 정도까지 탐색해야 하는지에 대해 의식적인 고민이 필요하다.

일단 목표를 분명히 해야 창의성을 자극할 곳을 제대로 선택하게 된다.

처음에는 이곳저곳을 마구 헤집고 다녀야 하지만, 점차 어디를 더 집중적으로 살펴봐야 하는지를 신경 써야 한다. 다양한 관찰을 시도하되 다시 당초의 목적과 부합하는 영역을 중심적으로 살펴봐야 한다.

쓸모없어 보이는 것에서도
얻는 것이 있다

창의성을 발휘하려면 실수를 많이 해 봐야 한다.
어떤 실수가 건질 만한 실수인지 식별해 내는 것이 비결이다.

− 스콧 애덤스

우리는 매우 바쁜 사람들이다. 안 그래도 해야 할 것들이 너무 많은데, 시간과 에너지는 한정되어 있다. 그래서 우리는 살면서 원하는 것, 중요한 것에만 집중하고 싶어 한다. 귀찮은 것, 별로 실익이 없어 보이는 것은 되도록 피하는 것이 상책이다.

하지만 현실은 우리를 배려해 주지 않는다. 우리가 하기 싫어도 반드시 해야 하는 의무도 있고, 별로 영양가 없어 보이는 일도 불가피하게 해야 할 때가 있다.

우리는 현재 상태와 추구하는 목표 두 점을 직선으로 그어버린다. 그리고는 그에 따르는 시간과 비용을 예측한다. 하지만 목표에 도달하는 과정은 결코 직선이 아니다.

나름 노력한다고는 하지만 그 시작점에서만 뱅뱅 돌 수도 있고, 목표 지점까지 직선이 아닌 기폭이 심한 곡선으로 기어가야 하는 경우도 허다하다. 심지어 의도했던 방향과는 정반대로 나아가는 경우도 있다. 우리는 이러한 헛수고에, 낭비 또는 실패라는 라벨을 붙여 놓고 매우 불쾌하게 여긴다.

하지만 어떠한 계획도 그대로 실행되는 일은 거의 없다. 인간 세상에는 변수가 너무 많다. 그렇다고 너무 부정적으로만 생각할 필요는 없다. 오히려 변수가 너무 많기 때문에 계획과 어긋나서 행운아가 되기도 한다. 강력한 접착제를 만들려다 실패한 3M이 포스트잇을 만든 것처럼 말이다.

역사적으로 매우 창조적인 삶을 살았던 인물들을 바라보라. 이들은 자신들의 작품에 등장하는 인물들 못지않게 굴곡진 인생을 살았다. 굴곡진 인생은 힘들고 고달프다. 보통 사람들보다 쓸데없는 짓을 몇 배나 더 하게 된다.

그러나 그 덕분에 그들은 책을 쓰거나 작품을 만들 때 보통 사람보다 더욱더 많은 영감을 얻을 수 있었고, 그 풍부한 영감을 그림이나 조각에 반영시킬 수 있었다.

삶을 좀 더 넓은 시각으로 바라보는 사람은 쓸데없는 것들 속에서도 유익한 것을 가져다주는 요소를 발견하고 이를 다음 일을 도모할 초석으로 활용한다.

핵폭탄 제조에는 고농축 우라늄이 사용된다. 핵분열성 물질에 중성자가 연쇄반응을 일으켜서 일시에 많은 열과 방사선을 방출하면 그것이 바로 핵폭탄이다.

우리는 인생에서 핵폭탄급의 무엇인가를 만들고 그 위력을 발산하고 싶어 한다. 한방에 강력한 것을 원한다. 하지만 대다수는 좌절한다. 주변에 경쟁자가 너무 많고 우리가 핵무기를 보유하는 것 자체를 경쟁자들이 공격적으로 견제하고 나서기 때문이다.

그러나 좌절할 필요는 없다. 핵폭탄을 포기하게 되더라도 핵폭탄을 만들기 위해 연마했던 기술력 자체가 사라지는 것은 아니다. 우리는 그 기술로 핵폭탄 대신 원자력 발전소를 세워 위력을 발산하면 된다. 그 기술력을 전혀 관련 없어 보이는 다른 분야에 적용할 수도 있을 것이다.

과거의 실패나 헛짓거리는 우리가 다음의 수를 낼 때, 매우 중요한 경험치가 된다. 지금 하는 쓸데없는 짓은 더 큰 승리를 위한 초석이 된다.

인생을 살면서 단 한 번도 쓸데없는 짓을 해 보지 않았다는 것은 아무런 시도도 해 보지 않았다는 뜻과 같다. 진정으로 쓸데없는 짓은 바로 아무런 시도도 하지 않는 것이다.

엄청난 성공을 이룬 사람은 어중간하지 않은 실수를 저지른다. 일이 잘 안 풀릴 때, 인간은 그것으로부터 크게 성장할 기회를 얻게 된다. 플랜 B로 성공하는 경우가 의외로 많다.

꺼내는 훈련을 하라

모든 지식의 연장은
의식적인 행동을 무의식으로 바꾸는 것에서 생겨난다.

- 프리드리히 니체

지식의 축적 못지않게 꺼내는 훈련도 중요하다.

우리는 어린 시절 시험에 대한 좋지 않은 기억을 가지고 있다. 대표적인 것이 바로 아는 문제임에도 틀렸던 경험이다. 그럴 때 우리는 스스로 자책했다.

"아! 이게 왜 그렇게 생각나지 않았을까?"

이것은 아예 모르는 것보다 훨씬 안타깝고 불쾌한 경험이다.

'왜 생각나지 않았을까?'는 나의 두뇌에 저장되어 있지만 적절한 시점에서 꺼내지 못했다는 말이다. 사실 우리가 살면서 마주하는 대부분의 문제들은 아예 몰라서 해결하지 못하는 경우보다는 이미 알고 있음에도 해결하지 못하는 것들이 많다.

우리가 학생이라면 시험 문제를 몇 개 더 틀리는 선으로 끝날수 있다. 90점 맞을 것을 80점 맞으면 되는 일이다. 하지만 성인이 되어 냉정한 현실과 부딪히며 발생하는 문제들을 실수하게되면 엄청난 손실과 대가를 감당해야 할 수도 있다. 그런데도우리는 머릿속에 든 지식을 정리하고 꺼내는 훈련보다는 집어넣고 양을 부풀리는 것에만 집착하고 있다.

"독서를 많이 하면 좋다고 하는데, 정말 인생이 조금이라도달라지기는 하는 건가요?"

책을 많이 읽어도 인생에서 아무런 변화를 감지하지 못하는사람들이 내뱉는 말이다. 이들은 결국 독서를 통해서 얻는 것이없기 때문에 중도에 포기하고 만다.

필자가 이들에게 해 줄 수 있는 말은 이것이다.

"계속 읽기만 하는데 인생이 바뀐다면 오히려 그것이 이상한것이다."

제아무리 많은 음식을 삼켜도 소화를 시켜야 우리 몸의 일부가 되듯이, 지식도 머리에 넣기만 한다고 자기의 것이 되는 것이 아니다.

잘못된 독서는 책을 많이 읽는 것에만 집중한다. 지식을 소화시키는 것은 너무나 지루하고 고된 사색의 과정이므로 단순히지식을 삼켜서 만족감을 느끼는 것으로 자기기만을 할 뿐이다.지식을 삼키는 것에 강박적으로 매달리고 그러한 행위를 통해자신이 매우 발전했다는 성취감을 느끼는 것 자체에 큰 의미를 부여하는 것이다.

이것은 독이 되는 독서이다. 다양한 지식과 경험을 축적하면 창조적 시도에 있어 분명 유리하게 작용하지만, 그것이 그저 수많은 정보를 그대로 습득해서 가지고 있는 것을 의미하진 않는다. 올바른 독서란 이 지식들을 어떻게 적재적소에 활용할 것인지에 대한 더욱 큰 범주에서 지식을 익히는 것까지 포함한다.

이는 계속 운동만 한다고 해서 근육이 길러지지 않는 것과 같다. 몸에 근육을 만들기 위해서는 휴식이 필요하다. 하루 내내, 일주일 내내, 한 달 내내 근력 운동만 하면 근육은 생성되지 않는다. 근육은 우리가 쉬는 동안 생성된다. 운동을 하면서도 그 과정을 더 높은 시각에서 바라보고, 교정해 나갈 수 있어야 한다. 마찬가지로 지식과 정보도 습득하면 그것을 잠시 내려놓고 더 높은 시선에서 바라볼 줄 알아야 한다. 읽는 것에만 집착하면 스스로 사고하는 방법을 잃어버리게 된다.

우리는 저장한 지식을 재조합하고 꺼내는 훈련을 해야 한다. 무엇인가를 무작정 습득하려고 하지 말고, 이미 가지고 있는 지식을 활용해서 마주한 문제를 최대한 해결하고자 노력해야 한다. 이는 사고의 근력을 기르는 것과 같다. 세상에 이미 알려진 것이라 할지라도 그것을 수동적으로 입력한 것과 스스로 터득한 것은 천지 차이다.

또한 감정을 건드려야 한다. 건조한 지식과 정보는 필요할 때 밖으로 배출되기 어렵다. 감정을 건드려야만 쉽게 꺼낼 수 있다. 우리는 지식을 시각화, 도식화, 직관화해야 한다. 인간은 이성적 동물이 아니다. 단지 이성이 상대적으로 발달한 동물일 뿐이다. 인간은 결코 이성만으로 사고하지 않는다.

스스로 생각하고, 글을 쓰고, 정리하고, 사람들을 만나 대화를 나눠라. 사물을 자신의 특별한 경험과 연관 지어라. 책에서 습득한 지식을 자신의 분야에 적용시키고 그것을 글로 정리하라. 자신의 일상을 뒤흔들어야 한다. 그러한 노력을 해야 내일이 바뀐다.

단순하게 제시하라

간결성은 재능과 한 배에서 나온 자매다.

– 안톤 체호프

사람들은 복잡한 것이 단순한 것보다 어렵고 수준이 높은 것이라고 생각한다. 복잡한 것이 훨씬 어렵고 수준 높으므로 설득력이 높고 의견이 관철될 가능성이 높다고 생각한다. 하지만 정반대다. 단순한 것이 복잡한 것보다 훨씬 어려운 것이며 강력한 것이다.

본질은 더 이상 추가할 것이 없는 상태가 아니라, 더 이상 뺄 것이 없는 상태다. 불순물은 사상을 전달하고 이해시키는 데 있어 소통의 방해물이 될 뿐이다.

시(詩)를 짓는 것이 어려운 이유는 그 짧은 문장 안에 작가의 모든 감정과 사상, 깨달음을 함축적으로 담아내야 하기 때문이다. 시는 짧은 문장들로 구성되어 있지만, 독자들은 짧은 글 속에서 그 이상의 것들을 경험하고 눈물을 흘리며 감동을 받는다.

아인슈타인은 복잡하고 거추장스러운 이론을 단순하게 설명하는 것을 좋아했다. 물질을 이루는 기본 단위인 원자핵은 막대한 에너지를 가지고 있지만, 이 에너지는 비활성의 고체 상태로 있을 때는 드러나지 않는다. 그는 에너지의 본질을 쉽게 설명하기 위해 일상에서 대중들에게 친숙한 대상을 도입해서 설명했다. "막대한 부(질량)를 가지고 있는 사람이 단 한 푼도 사용하지 않거나, 다른 사람에게 베풀지 않는다면 어느 누구도 그 사람이 얼마나 많은 재산을 가지고 있는지 알 수 없을 것이다."

아인슈타인은 물질과 에너지의 관계에 대한 난해한 이론을 대중들에게 친숙한 개념인 재산에 비유해서 대중들을 납득시켰다.

한 번은 그의 이웃이 상대성 이론은 그것을 이해한 사람이 전 세계적으로 10명 정도밖에 되지 않을 만큼 어려우니 최대한 쉽게 설명해 달라는 부탁을 한 적이 있었다. 아인슈타인은 다음과 같이 말했다.

"미인과 1시간을 함께 있으면 1분처럼 느껴질 것입니다. 그러나 뜨거운 난로 위에 1분 동안 앉아 있으면 1시간보다도 길게 느껴질 것입니다. 그게 상대성입니다."

그랬더니 그의 이웃은 "이렇게 쉬운 것을 왜 그렇게 어렵다고 하지?"라고 했다고 한다.

피카소는 그의 작품 〈황소〉에서 대상을 사실적으로 묘사한 뒤 대상을 상징하는 요소만 남긴 채 디테일을 단계적으로 생략해 나가는 작업 방식을 선보였다. 디테일을 제거하고 극도로 정제된 본질만 남기는 피카소의 작업 방식에 영향을 받은 애플사의 디자이너들은 단순함을 위해 애쓴다. 대상의 모든 것을 대단히 간결한 방식으로 전달하는 것이 마케팅의 본질이다. 다시 한번 강조하지만 본질은 더 이상 추가할 것이 없는 상태가 아니라, 더 이상 뺄 것이 없는 상태다.

창조라는 것은 작품을 만드는 사람뿐만 아니라 그것을 받아들이는 사람이 함께 참여하는 작업이다. 당신이 아무리 아는 것이 많고 대단한 아이디어를 떠올렸다 하더라도 그것을 전달받을 사람들이 납득할 수 있는 방법으로, 관심을 가질 수 있는 방법으로, 공감하기 쉬운 형태로 가공해서 전달해야 한다. 그렇지 않고 전문 용어를 섞어 전달하거나 어려운 표현만 고집한다면 상대방으로부터 "당신은 정말 아는 것이 많은 유식한 사람이군요."라는 평은 들을 수 있을지언정, 그들로부터 진정한 이해와 공감을 얻어내진 못할 것이다.

천재들의 작품은 심오한 것 같으면서도 그 원리 자체는 매우 단순한 경우가 많다. 단순한 사실을 논리적으로 증명해 내는 과정에서 언어와 수식이 덕지덕지 붙어 양이 불어났을 뿐이다. 천재는 자신이 직관으로 깨달은 아이디어를 세상이 납득할 수 있는 방식으로 전달하는 사람이다. 법칙과 이론은 사상을 객관화한 것이며, 이것으로도 대중을 이해시킬 수 없을 때는 비유와 상징을 도입한다. 창조적인 사람은 처음엔 전혀 이해할 수 없는 발상을 모색하지만, 결국은 대다수가 공감할 수 있는 방법으로 해결책을 제시한다.

창조적인 사람은 자기만의 세계에 빠져 있고 고립된 것처럼 보이지만, 동시에 가장 공감 능력이 우수한 존재이기도 하다.

구성요소를 하나씩 제거하라. 불순물을 제거하라. 적절한 비유를 활용하라. 단순한 그림의 형태로 제시하라.

근원적인 아이디어는 그 아이디어의 주인조차 예상할 수 없는 전혀 새로운 결과를 초래하기도 한다. 예를 들어 구텐베르크는 원래 성경을 인쇄하기 위해 인쇄기를 개발했지만, 이후 인쇄기는 이단적이고 급진적인 글을 인쇄하는 데에도 이용되어 새로운 사회적 변화를 촉발시키는 역할을 했다.

혁신적인 아이디어는 고정적 형태로 제시하기보다는 다양한 가능성을 촉발시킬 수 있는 단순한 형태로 제시하는 것이 좋다.

이미지로 사고하라

글이든 말이든 언어라는 것은 나의 사고 과정 안에서 특별한 역할을 하지 못하는 것 같다.
사고 과정에서 필수적인 역할을 수행하는 심리적 실체들은 일종의 증후들이거나
분명한 이미지들로서, 자발적으로 재생산되고 결합되는 것들이다.
내 경우에 그 요소들이란 시각적이고 때로는 근육까지 갖춘 것들이다.

– 알베르트 아인슈타인

대부분의 사람들은 이미 익숙해져 있는 방법으로 사물을 인식한다. 대표적인 것이 바로 언어다. 우리는 언어를 통해 세계를 기능적으로 바라본다. 언어의 추상성은 세상의 모든 것들을 담아낼 수 있다. '사랑'이라는 단어는 그 단어가 내포하고 있는 모든 피상적인 관념들을 함축해서 전달해 준다. 그렇기에 언어의 사용은 우리에게 막대한 효율성을 가져다준다.

하지만 그만큼 잃는 점도 많다. 언어는 우리가 세계를 어떠한 방식으로 바라봐야 하는지를 우리의 의지에 앞서 결정해버린다. 그로 인해 이 세상의 수많은 부분들을 효율적이지만 왜곡되게 인식하거나 놓치게 된다. 우리는 효율적인 무리 생활을 위해

언어를 설치당했다.

　당신이 학교 시험을 위해, 자격증 취득을 위해 단기간 몰아서 공부해 얻은 지식은 시험지를 제출하는 순간 날아간다. 깨알 같은 수많은 글자나 수학 공식들은 허공에 뿌린 밀가루처럼 흩어지고 만다. 기억하고 있는 것들이 몇 가지 남아 있다고 해도 어떠한 사물이나 현상의 본질에 다가서지 못하는 단편적인 표상에 불과하다.

　세계적인 천재들이 "나는 이미지로 사고한다."라고 말하는 데는 다 이유가 있는 것이다. 창조적인 인물일수록 시각적으로 생각하는 능력이 탁월하다는 것은 이미 많은 학자들과 사례들이 증명해 준다. 알베르트 아인슈타인, 템플 그랜딘, 파블로 피카소는 모두 언어 사용에 장애를 보였거나 서툴렀던 경력을 보인 바 있다. 그 대신 이들은 이미지로 사고하는 데 능숙했다.

　작가나 화가들은 펜이나 붓을 들기 전에 이미지를 먼저 떠올리고 그것들의 본질을 글이나 그림으로 표현해 낸다. 작가는 글로 창조하는 사람이 아니라, 자신이 이미 창조해 낸 것을 글자로 표현해 내는 사람이다. 수학자도 마찬가지다. 그들 역시 무엇인가를 발견하거나 창조할 때는 수학 공식으로 사고하지 않는다. 아인슈타인은 자신의 사고 과정에 언어와 숫자는 전혀 개입되지 않음을 밝혔다. 아인슈타인은 손에 거울을 든 상태로 빛의 속도로 달릴 때 거울에 비칠 자신의 모습을 상상했다. 줄이 끊어져 끝없이 떨어지는 엘리베이터에 탄다면 어떻게 될

까를 상상했다. 그는 머릿속으로 다양한 '사고 실험'을 즐겼다. 그 과정에서 상대성 이론이 탄생했고, 질량-에너지 등가 원리인 $E=mc^2$이 탄생했다.

아인슈타인은 지식보다 중요한 것은 직관이라 했고, 문제에 대해 사고할 때 언어가 아닌, 이미지화된 사고방식을 도입했다. 머릿속에서 일어나는 다양한 '사고 실험'을 통해 이미 결과에 도달한 상태에서 그 결과를 언어나 수학 공식 등으로 논리적으로 증명해 내는 것이 그의 주된 연구 과정이었다. 물리학자 리처드 파인만 역시 "나는 복잡한 문제를 풀 때 큰 그림을 그린다. 수학적 계산은 나중에 한다."라고 하였다.

표상에 대한 생각들의 종합은 사물이나 현상의 본질을 깨닫고 전달하는 데 장애가 된다. 언어는 우리가 본질이라고 이해한 것을 표현하는 형식에 불과할 뿐이다. 대부분의 평범한 사람들은 언어화된 세계를 실세계로 착각하며 산다. 반면, 표상 너머에 있는 좀 더 본질적인 것들을 볼 수 있는 사람은 언어화된 세계보다는 실재하는 자연 속에서 살아가게 된다.

다음 문장을 그림으로 도식화 해 보아라.

B이면 A다. 그러나 A라고 해서 반드시 B인 것은 아니다.

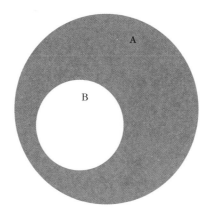

이번에는 좀 더 난이도를 높여보겠다.

B의 대부분은 A이다. 그러나 A중 B에 속하는 사람은 극히 일부다.

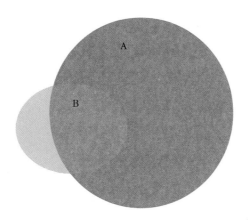

A와 B의 자리에는 실로 수많은 단어가 들어갈 수 있는데 일례로 '높은 IQ'와 '천재'가 들어가서 서로의 상관관계를 나타낼 수 있다.

"천재들은 대부분 IQ가 높지만, IQ가 높은 사람들 중 천재인 사람은 일부에 불과하다."처럼 말이다.

언어는 추상적인 관념을 상대방에게 전달해 줄 수 있는 효율적인 도구이지만, 지식을 직관화시키는 데는 한계가 있다.

불순물을 제거하고 시각적으로 사고하고 표현하는 훈련을 해볼 것을 권한다. 본래 우리는 시각적 사고에 능하다. 우리의 조상은 맹수를 피하기 위해서, 사냥감을 쫓기 위해서, 약초와 독초를 구분하기 위해서 주로 시각적인 사고에 의존했다. 하지만 인간은 언어를 사용하고서부터 시각적 사고를 도외시하기 시작했다.

당신의 꿈도 이미지화하라. 말이나 글로만 표현하지 말고 강력한 하나의 이미지로 함축하라.

자신의 꿈을 매일 글로 적는 행위는 권장할 만한 일이나, 당신의 머릿속엔 그 꿈에 대한 생생한 이미지가 재생되고 있어야 한다. 신념, 꿈, 의지, 이상 등 당신의 모든 것들을 한 장의 사진으로 만들어라.

논리적 집착에서 벗어나라

만일 사람들이 합리적인 행동만 한다면
지적인 업적은 전혀 이루어지지 않을 것이다.

– 루트비히 비트겐슈타인

우리는 학교에서 언어나 공식으로 표현할 수 없는 것들에 대해 배우지 못했다. 선택지 1번부터 5번 사이에서 논리적으로 옳거나 틀린 선택지를 고르는 훈련을 해 왔다. 우리의 교육은 좌뇌의 일부만 너무 편애한다. 좌뇌가 우수한 사람들이 주로 똑똑하고 유능하다는 소리를 듣는다. 우리는 이미 세상 만물을 이성적 도구인 언어와 공식으로 표현(개념화)하는 데 너무 익숙해져 있다.

하지만 실로 인류를 진보시키는 것은 이성이 아니라 직관이다. 창의성의 원천은 무의식에 있다. 의식의 세계에서 작동하는 이성은 새로운 무엇인가를 발견하는 것에 그 목적이 있지 않다. 이성이 추구하는 것은 규칙이고 질서이다. 효율성을 추구하는 이성은 무의식의 세계에서 끊임없이 생성, 소멸되는 다양한 연상들을 검열하고 차단하는 일을 한다. 우리는 이성을 사용하여 대상의 평균적인 모습, 즉 현상의 종합을 볼 수 있을 뿐 표상의 세계 너머에 존재하는 이상치를 결코 포착해 내지 못한다.

이성은 훌륭한 원칙과 여러 가지 합리적인 시나리오를 제시해 주기도 하지만 특정한 사고의 틀에서 벗어나지 못하도록 방해하기도 한다.

천재들이 남긴 작품 중에는 논리와 이성만으로 설명될 수 없는 것들이 많다. 천재들은 자신의 직관력을 통해 번개처럼 사물의 본질을 꿰뚫고 영감을 떠올리지만 정작 그 과정을 논리적으로 증명해 내고 세상을 이해시키는 데는 상대적으로 많은 시간을 할애했다. 의식의 영역에서 이뤄지는 논리적 사고란 평범한 사람들에게 있어 진리에 다가가기 위한 유일한 수단이지만, 천재들에게 있어서는 자신의 직관을 외부 세계에 증명하기 위한 검증 도구에 불과하기 때문이다.

합리적인 사람은 합리적인 동안은 천재가 아닐 것이고, 천재인 사람은 천재인 동안은 합리적이지 않을 것이다.

눈에 보이는 것이 전부는 아니다

시장 조사에 따라 제품을 기획하면 대중들의 욕구를 충족하지 못한다. 스티브 잡스는 "대중들은 자신들이 무엇을 원하는지 잘 모른다."고 말했다.

시장 조사는 대중들의 의식 세계에 대한 조사에 불과하다. 그래서 대중 내면에 숨겨진 욕구를 파악할 수 없다. 대중은 A를 원한다고 답변하지만, 실제로 그 제품을 마주하면 그것을 원하지 않는다고 말한다. 우리가 추구하는 논리라는 것은 결국 의식 세계에서 통용되는 진리에 불과하며, 시대의 흐름에 따라 언제든지 뒤바뀔 수 있는 것이다.

《해리 포터》를 쓴 조앤 롤링은 12곳의 출판사에서 거절을 당했다. 출판사들은 보통 대중들의 욕구를 합리적으로 판단하려 들며 그 기준에 따라 이야기를 만든다. 대중들은 이런 이상한 이야기를 원하지 않는다는 것이 출판사들의 입장이었다. 하지만 조앤 롤링은 대중 내면에 있는 숨겨진 욕구를 성공적으로 포착했고, 결국 세계적인 베스트셀러 작가가 되었다. 《해리 포터》 시리즈는 수많은 문학상을 받았으며, 전 세계에서 가장 높은 수익률을 낸 영화 시리즈로 탄생했다.

이 세상에는 눈에 보이는 세계와 눈에 보이지 않는 세계가 있다. 눈에 보이는 세계에서 통용되는 진리는 시공간 내에 박제된 진리로서 지성을 지닌 인간 존재의 특성상 누구나 이성으로 쉽게 배우고 깨우칠 수 있는 것들인 반면, 보이지 않는 세계의 진리는 깊은 사색의 과정 없이는 절대 깨우칠 수 없는 고차원적인 것들이다.

이 세상이 대부분 평범한 사람들로 구성되어 있음을 고려해 볼 때 보이지 않는 진리를 볼 줄 아는 사람들은 평범한 사람들 사이에서 오해받기 쉬운 상태가 될 수밖에 없다. 비논리적이고 이성적이지 못하다는 비난만 들으면 다행이고, 심할 경우 미쳤다는 소리를 들을 수도 있다.

하지만 객관적이고 논리적으로 검증될 수 있는 것만 믿겠다고 주장하는 것은 실로 지적 허영에 부합하는 것으로 자신의 지성이 감당할 수 없는 모든 것들에 대한 존재 자체를 부정함으로써 자신의 지적 열세를 감추려는 행위에 불과하다. 무지한 인간은 자신보다 더 큰 세계를 인정하지 못한다. 그들이 말하는 논리적 이성이라는 것도 사실은 자신의 좁은 의식 세계 내에서만 통용되는 것에 불과하다. 자신의 지성으로 이해할 수 없는 것을 모두 다 비정상이라는 카테고리에 던져 넣으면 정신적으로 그렇게 편안할 수가 없는 것이다.

지적으로 게으른 사람들의 정신적 에너지는 시공간 내에 박제된 단순한 사물이나 현상에 대해 사색하는 수준에 머물러 있으므로 이들이 자신의 지적 우월감을 유지하기 위해서는 고도로 추상적이고 복잡하며, 모순성까지 내포하고 있는 것들을 현실 세계에 반영하고 정립하려는 모든 사색가들의 시도를 그저 비합리적인 것으로 치부해야만 한다.

합리적인 사람들이 질서와 통제를 추구하는 가운데 창조적인 인물들은 불확실성과 돌발적 사고를 추구한다. 모순적인 상황이나 현상을 함부로 예단하지 않고 깊이 있게 사고한다. 지적으로 탁월하다는 것은 모순을 수용할 수 있는 능력과 거의 비례한다.

창조적인 인물이 되려면 위대한 발견에 과거의 인과율을 들이미는 합리적 바보 상태에서 벗어나야 한다.

논리에 어긋나도 괜찮다. 예외적인 문제는 상식적인 방법으로 풀리지 않는다. 그렇기 때문에 예외적이라고 하는 것이다. 예외적인 문제는 예외적인 방법으로 풀어야 한다.

우뇌를 활성화하라

직관적 사고는 하늘이 주신 신성한 선물이며 합리적 사고는 충실한 하인에 불과하다.
그러나 우리는 하인을 섬기고 신성한 선물은 등한시하는 사회를 만들었다.

— 알베르트 아인슈타인

여기에 당신에 대한 악플이 달려 있다.

"이딴 걸 그림이라고 그렸냐?"
"너는 뭘 믿고 너 자신이 창조적일 수 있다고 믿는 것이냐?"
"너의 주장에는 전혀 근거가 없어!"

이 악플은 누가 달았을까?
친구? 직장 동료? 가족? 물론 당신과 가까운 이들 중에도 당신에 대한 악플을 단 사람이 있을 것이다. 그 이름 모를 악플러들 중에서 당신에게 가장 치명타를 날리는 악플러는 누구일까?

바로 당신 안의 검열관이다.

그 검열관은 당신의 좌뇌 안에 거주하고 있으며, 언제나 이성과 논리로 무장해 있다. 남달라지려는 당신의 욕구를 무자비하게 때려눕히고, 당신을 매우 합리적인 사람으로 만들어 준다. 내면에서 들려오는 직관의 음성을 차단해버린다.

당신이 온전한 당신으로 존재하기 위해서, 창조적인 사람이 되기 위해서는 이 검열관에게 주인이 있다는 사실을 가르쳐 주어야 한다.

서로 전혀 관련이 없는 사물이나 대상들을 선택해서 임의로 그것들에서 공통점을 찾아내고 연결 지어라. 사물을 대체하라. 결합하라. 확대하라. 축소하라. 다른 용도를 찾아라. 삭제하라. 재배치하라. 거꾸로 하라. 역발상하라. 이미지로 생각하라.

출퇴근할 때 평소와는 전혀 다른 경로를 선택해서 목적지에 도착해 보아라. 산책을 할 때도 마찬가지다. 규정된 코스를 벗어나 익숙하지 않은 곳으로 나아가고 감각에 의존하여 출발 지점으로 되돌아오라.

물론 좌뇌의 검열관은 우뇌를 활성화하려는 당신의 시도에 분명 시비를 걸 것이다. 우뇌가 어떻게 실패할지, 왜 위험한지, 얼마나 충동적인지 맹공을 퍼부으며 당신을 설득하려 들 것이다.

좌뇌의 설득에 넘어가지 마라. 우뇌는 좌뇌의 주인이다. 좌뇌는 우뇌가 떠올리는 아이디어를 논리적으로 정리하고 취사선택하는 역할을 할 뿐이다. 하지만 좌뇌는 자신에게 주인이 필요하지 않다고 생각한다. 자기만의 세계에서 왕으로 군림하고 있다. 그래서 주인의 존재를 망각하고 자기 혼자 옳다는 독선을 부린다.

우리가 할 일은 좌뇌에게 더 큰 세상을 지배하는 우뇌라는 주인이 있다는 사실을 가르쳐 주는 것이다.

아이들은 자유롭게 사고한다. 고정관념이 적고 상상력이 풍부하다. 하지만 창의성의 재료가 부족하여 실용적인 조합을 이뤄 내고 판별해 내지 못한다. 참신하지만 실용적이지 못한 아이디어는 창의적이라고 말하기 어렵다.

반면, 어른들은 지식과 경험이 풍부하다. 창의성의 재료가 많다. 하지만 그 풍부한 재료를 가졌음에도 새로운 조합을 구성해 낼 만큼 사고가 자유롭지 못하다. 맹목적인 지식과 경험은 혁신보다 적응을 추구한다.

가장 창의적인 상태는 풍부한 지식과 경험을 지닌 동시에 그것에 지배당하지 않는 상태다. 좀 더 구체적으로 말하면 좌뇌와 우뇌가 적절히 조화를 이루는 상태다.

고도로 창의적이 되기 위해서는 확산적 사고(유연하고 개방적으로 사고하는 능력)와 수렴적 사고(여러 가지 정보를 취사선택하여 일정한 논리체계를 만들거나 가장 적절한 선택지를 판별해 내는 능력)가 고도로 협력해야 한다.

위대하고 창의적인 발견은 겉보기엔 전혀 관련이 없어 보이는 영역 사이에 사다리를 놓는 과정에서 탄생한다. 심리학에서는 이를 '유추'라고 부른다.

표면상 유사성이 매우 떨어지는 것들을 강제로 연결시키고 본질적으로 같은 것을 찾아내는 것은 곧 견고한 좌뇌와 우뇌의 연결을 의미한다.

창조적 인간이란 충동적이고 자유분방한 상상력과 최적의 논리/분석력이 공존하는 상태의 인간이다.

너무 애쓰면 오히려 멍청해진다

너무 애쓰면 오히려 멍청해진다
버리면 만사는 저절로 풀리게 마련이다.
버리는 자가 세상을 얻는다.
- 노자

창의성이라는 재능은 비정형적인 재능이다. 비정형적이라는 말은 암기력처럼 언제, 어디에서든 자신이 원하는 만큼만 발휘할 수 있는 성질의 것이 아니라는 말이다. 창의력은 암기력을 발휘하는 것과 차원이 다르다.

암기 위주의 학습은 인간의 의지가 크게 개입된다. 그래서 구체적인 계획을 세우고 학습 목표에 대한 의지를 다지면 달성 가능성이 그만큼 높아지게 된다. 하지만 창의성이라는 것은 '오늘 오후 3시까지', '다음 주 목요일까지'처럼 일정한 기간을 정해 두고 발휘될 수 있는 것이 아니다. 오히려 데드라인에 집착하게 되므로 사고가 경직되어 문제 해결이 어려워진다.

어느 한 분야에서 대단히 창의적이라고 공인된 사람들도 때에 따라서는 특별한 생각을 떠올리지 못할 수 있다. 창의적인 천재들이 가장 창의적인 성취를 보였던 시점은 인생에 있어 특정한 시점에 불규칙적으로 몰려 있는 경우가 많다. 인생 전반에 걸쳐 항상 창의적인 성취를 보인 것은 아니었으며, 자신의 분야와 별로 관련 없는 분야에 대해서는 전혀 상반된 결과를 보이기도 했다. 그만큼 창의성이 발현되는 순간은 예측하기 어렵다.

창의성이 비정형적인 이유는 그것이 무의식에서 출현하기 때문이다. 창의성은 잠복기가 있다. 잠복기는 의식 세계 아래에 있는 무의식이 일하는 기간이다. 무의식이 일을 끝마칠 때까지 의식은 다른 일에 집중해도 되고 쉬어도 된다. 무의식이 일을 할 때 의식은 그 문제에서 벗어나 다른 일에 집중하는 것이 더 효과적이다.

실제로 많은 천재들은 오랜 시간 궁리해도 해결되지 않는 문제를 만나면 의도적으로 잠을 자거나 산책을 하는 등 자신들의 정신 상태를 자유롭고 몽롱한 상태에 두었다.

에디슨은 문제가 풀리지 않을 경우 잠을 통해 영감을 얻어내는 버릇이 있었다. 어려운 문제에 봉착하면 쇠구슬을 손에 쥔 채로 의자에 앉아 잠을 청했다. 잠이 들면 몸에 긴장이 풀리면서 손에 있던 쇠구슬을 자연스레 땅바닥으로 떨어뜨리게 되는데, 그 구슬이 바닥과 부딪히는 소리를 듣고 깨어날 때 떠오른 생각들을 노트에 곧바로 기록했다.

아무리 고민해도
창의적인 아이디어가 떠오르지 않아서 스트레스를 받는가?
그럴 땐 하던 일을 잠시 중단하고 책상에서 일어나라.

아인슈타인은 샤워 도중 특별한 아이디어가 떠오르는 경우가 많았기 때문에 자신의 연구실에 샤워실을 설치할 것을 고민했다고 한다.

무아지경의 상태, 잠들기 직전의 상태, 백일몽에 빠져 있을 때, 무의식의 세계를 억압하고 감시하던 문지기가 휴가를 떠나게 된다. 무의식 속에 깊이 방치되어 있던 온갖 이미지와 연상들이 의식의 세계로 넘어온다. 머릿속의 필터는 투과성이 높아져 확산적 사고가 발달하게 된다.

아무리 고민해도 창의적인 아이디어가 떠오르지 않아서 스트레스를 받는가? 그럴 땐 하던 일을 잠시 중단하고 책상에서 일어나라. 산책을 하거나 샤워를 하거나 재미있는 유튜브 영상을 보거나 잠시 숙면을 취하는 것도 좋다.

"반드시 창의적인 아이디어를 떠올리고 말겠다.", "특별한 아이디어를 생각해 낼 때까지 이 자리에서 일어나지 않겠다."와 같은 다짐은 창의성에서 더욱 멀어지게 만든다.

창의적인 아이디어는 언제 어디서든 예고 없이 불쑥 찾아든다. 의식 세계에 그 모습을 한 번 나타내고 언제든 다시 무의식의 세계로 도망칠 수 있다. 그래서 창조적인 사람은 언제나 펜과 수첩을 지니고 다닌다. 그것을 재빨리 받아 적어야 하기 때문이다.

그런 순간들을 위해 아이디어 노트를 하나 만들어라. 스마트

폰을 활용해도 좋다. 평소에 떠오르는 훌륭한 생각들을 수시로 기록해 두어라. 그리고 그것을 다시 읽어 보아라.

편안한 마음으로 일하라. 매우 훌륭한 결과나 생각지도 못한 수확은 편안한 마음으로 임했을 때 나온다. 힘을 빼고 평온한 마음으로 일에 정진하면 압박감이나 긴장이 없기 때문에 일이 의외로 순차적으로 착착 진행된다.

자신에게 맞는 최적의 장소를 찾아라

아이디어가 떠오르지 않을 때는 장소를 바꾸어 보아라. 새로운 환경에서 집중하라.

환경은 인간의 생각과 행동에 많은 영향을 끼친다. 환경은 창의성의 불꽃을 일으키는 촉매제 역할을 하기도 하고, 반대로 억제하기도 한다.

창의성을 촉진시키는 장소는 사람마다 다르다. 조명의 밝기, 주변의 소음, 냄새, 소품 등 다양한 것들이 직간접적인 영향을 미친다.

어떤 장소가 당신의 개성에 맞는가? 마음이 가장 편한 곳은 어디인가? 가장 획기적인 아이디어를 떠올렸던 곳은 어디인가? 미묘한 감각을 일으킬 수 있는 곳은 어디인가?

너무 깔끔 떨지 마라

적당히 어질러져 있는 것은 창의적인 아이디어를 떠올리는 데 도움이 될 수 있다. 작업실이 잘 정돈되어 깔끔한 상태라면 필요한 물건을 찾는 데 도움이 될 수는 있겠지만, 의도하지 않았으나 필요할 물건, 즉 훌륭한 아이디어로 연결될 연상 작용의 실마리를 놓칠 수도 있다. 어질러진 문서들, 신문지, 책들에 인쇄되어 있는 커다란 글씨의 한두 문장이 당신의 고민에 핵심적인 단서를 제공해 줄 수도 있다. 지금까지 생각했던 것과는 방향 자체를 바꾸게 될 수도 있다.

정보의 옥석을 가려라

수많은 이들이 자신의 편견을 단순히 재배열하면서
스스로는 사고하고 있다고 생각한다.

– 윌리엄 제임스

우리는 정보의 홍수 속에서 살고 있다. 당장 손에 쥐고 있는
스마트폰만 열어 봐도 헤아릴 수 없을 만큼 수많은 정보가 넘쳐
난다.

창의성이라는 것이 다양한 지식과 경험이라는 재료를 필요로
한다는 점에서 우리는 마음만 먹으면 충분히 창의적인 결과물
을 만들어 낼 수 있다. 하지만 그 전제조건은 적절한 정보를 취
사선택하는 능력에 있다. 현실을 왜곡시키고, 자극적으로 불안
을 조성하는 인터넷 기사나 동영상에는 눈을 감고 귀를 막아라.
이러한 기사들은 조금만 조사해 보면 그 근거가 허무맹랑한 것
들이 대부분이다.

특정 당파나 정치인, 사회 지도층, 언론의 입장에 맞게 사실을 왜곡시켜서 전달하는 경우가 많고, 우리는 그러한 쓰레기 정보에 직접적으로 노출되어 있다.

머지않은 미래에 세상이 뒤바뀔 것 같고, 세상이 바뀌기 때문에 지금 하고 있는 일들이 전혀 무의미한 것 같고, 이 세상은 항상 끔찍한 범죄로 가득한 것처럼 보인다. 심지어 경제 현상을 왜곡하고 대중의 분노와 적개심을 자극해서 여론을 형성하는 경우도 있다. 이 세상은 항상 조작된 혐오와 분노로 가득 차 있다.

언론만큼 인간의 습성을 잘 아는 조직은 없다. 인간은 언제나 긍정적인 것보다 부정적인 것에 끌리며, 순박한 진실보다는 자극적인 음모론을 더 좋아한다. 그래서 언론은 세상에 일어나는 수천 가지 일 중에서 특별히 선정적이고, 선동적이며, 자극적인 특정 사례만을 선택해서 확성기를 튼다. 결국 언론도 대중의 이목을 끌어야 생존할 수 있기 때문이다. 이런 것을 보는 대중들의 사고는 대단히 일면적이게 된다. 정보의 홍수 속에서 우리는 뛰어난 지성인이 되기보다는 박학다식한 멍청이가 되어버린다.

우리에게 시간은 절대 많지 않다. 가끔은 자극적인 것을 추구하면서 기분전환을 하는 것도 필요하겠지만 그것이 습관적으로 오래 지속되어서는 안 된다. 허무맹랑한 정보가 당신을 좀먹도록 허락해서는 안 된다.

독립적으로 사고하라

우리는 스마트폰으로부터 수많은 정보와 지식을 접한다. 언제든 자신이 원하는 지식을 찾아볼 수 있고 그것들을 학습해서 누군가와 대화할 때 그대로 내뱉을 수 있다. 하지만 진정 중요한 것은 무엇인가를 많이, 빨리 아는 것보다 제대로 아는 것이다.

데이터베이스를 축적하는 것도 창조성 발현을 위해 매우 중요하지만 더 중요한 것은 정보를 제대로 해석하는 것이다.

'2019년 혼인 건수 30만, 이혼 건수 10만'이라는 문장을 보고 2019년 이혼율이 33%에 달한다는 성급한 판단을 내려서는 안 된다. 전자의 혼인 건수는 2019년 당해에만 있었던 (통계에 반영되는) 모든 혼인 건수이고, 후자의 이혼 건수는 2019년 당해와 그 이전에 혼인했던 부부의 (통계에 반영되는) 모든 이혼 건수다. 여기에는 1980년에 혼인했다가 2019년에 이혼한 부부들, 2010년에 혼인했다가 2019년에 이혼한 부부들, 2018년에 혼인했다가 2019년에 이혼한 부부들이 모두 포함된다.

'과거 A 후보에 대한 주민들의 따뜻한 사랑과 관심이 올해에도 변함없이 이어져'라는 문장을 신문이나 인터넷 기사에서 보았다고 하자. 이 후보는 정말로 주민들의 열렬한 지지를 받고 있는 것일까?

사실을 알고 보니 과거 A 후보에 대한 지지율이 5% 정도였다고 해 보자. 그렇다면 올해 A 후보에 대한 지지율이 4.8%에 해당

하더라도 '주민들의 사랑과 관심이 올해에도 변함없다'라는 표현을 쓸 수 있게 되는 것이다. 반은 맞는 말이고 반은 거짓이다.

단순히 자신이 본 것을 별 사유의 과정을 거치지 않고 그대로 흡수해 두었다가 필요할 때 그대로 뱉는 것은 정보의 왜곡 현상을 심화시킬 수 있다. 오히려 아는 것이 모르는 것만도 못하게 된다. 스스로 사색할 줄 모르는 이들은 다른 사람들이 만들어 놓은 잘못된 지식과 정보를 그 자체로 사실인 양 그대로 머릿속에 쟁여 놓고 다니며 사회 질서를 어지럽힌다. 우리 사회에 이러한 사람들이 많아지면 집단 지성이 아닌 군중 심리가 판을 치게 된다.

어느 대학의 교수, 어느 분야의 박사, 소위 전문가들의 의견을 그대로 믿어서도 안 된다. 전문가를 존중하는 것과 맹신하는 것은 다르다. 권위를 존중하는 것은 좋으나, 그것이 맹신의 근거가 되어서는 안 된다. 이들의 주장이 항상 옳은 것은 아니다. 이들 역시 사회적, 정치적 압력이나 이해득실의 영향을 받을 수밖에 없는 위치에 있다.

그렇다고 사회의 일반 상식이나 타인의 관점을 무조건 배척하라는 말은 아니다. 단지 모든 지식과 정보를 의심하여 수용할 필요가 있다는 것이다. 그것들이 사실이 아닐 수 있음을 전제로 하여 받아들여야 한다. 자기 검토를 거쳐야만 한다.

정보를 아무리 많이 모아도 그것을 제대로 분석할 줄 모르면 제대로 된 창조성을 기대할 수 없다.

거짓을 가려내고 진실만 추려내라. 쓸모없는 것은 버리고 정수만 추려라.

그러한 과정을 거치면서 우리의 지성은 한 단계씩 높아져 가고 세상을 어지럽히는 거짓 정보도 더 이상 판을 치지 못하게 된다.

비평가를 비평하라

아래의 문제는 한때 '초등학생들은 쉽게 맞춰도 어른들은 대부분 틀리는 문제'라는 타이틀로 화제가 되었다.

$1 = 11$ $5 = 55$

$2 = 22$ $6 = 66$

$3 = 33$ $7 = 77$

$4 = 44$ $11 = ?$

당신은 이 문제의 정답이 무엇이라고 생각하는가?

이 문제의 정답은 '1'이다. 이미 문제에서 '1 = 11'이라는 조건이 주어져 있기 때문이란다. 솔직히 필자는 이 문제를 틀렸다. 필자는 이 문제의 정답이 '1111'이거나 '121' 둘 중 하나라고 생각했다. 아마 이 문제를 푼 독자들 가운데 그렇게 생각한 사람도 있을 것이다.

하지만 필자는 이 문제의 정답이 '1'이라는 것에 대해 절대로 동의할 수 없다. 이 문제에서 '='라는 기호는 더 이상 'equal sign'이 아니기 때문이다. '1 = 11'라는 조건이 이미 주어져 있으므로 '11 = 1'이라고 주장하는 것인데, 이 문제에서 '='라는 기호는 더 이상 'equal sign'이 아니다. 문제에서 '=' 대신 '$'라는 기호를 넣어도 문제의 본질이 전혀 달라지지 않는다.

이처럼 하나의 대상을 바라보는 데는 여러 가지 해석이 가능할 수 있고, 누군가가 정답이라고 강요하는 것도 면밀히 검토해 보면 사실 오류를 내포하고 있는 경우가 많다.

누가 당신에게 정답을 심어주면 바로 순응하지 말고, 다시 한 번 살펴보아라.

고독을 즐겨라

인간은 사회에서 어떠한 사물을 배울 수 있을 것이다.
그러나 영감은 오직 고독에서만 얻을 수 있다.

– 괴테

오늘날 세계의 모든 것들은 연결되어 있다. 사물과 사물, 학문과 학문, 인간과 인간, 심지어 인간과 사물까지 모두 연결되어 새로운 가치를 창출해 내고 있다. '팀이 천재를 이긴다'는 말은 유행한 지 오래다. 이러한 초 연결 사회에서 혼자 독립되어 존재한다는 것은 뭔가 대단히 잘못된 것처럼 보인다.

하지만 진정한 창조성은 '독립'에서 나온다. 지금 우리 세계를 지배하고 있는 모든 이론이나 사상, 종교는 고독한 존재에게서 나왔다.

여기서 말하는 고독은 사교성의 결여나 사회성 부족, 양적 소수를 의미하지 않는다. 환경으로부터 강요된 고립도 아니다. 여기서 말하는 고독은 자발적 고독이고, 생산적 고독이다.

고독의 시간을 활용해 무엇인가 생산적인 결과를 창출해 본 경험이 있는 사람들은 외로움과 고독을 구분해서 말한다.

외로움은 혼자이기 때문에 감당해야 할 서러움이고 고통이다. 이것은 자신의 의지와 상관없이 강요당하는 고립이다. 하지만 고독은 보다 사상이 풍부하고 삶의 목표가 뚜렷하기 때문에 자발적으로 누리는 고립 상태다.

고독은 아무나 누릴 수 있는 것이 아니다. 고독을 누리는 데는 그에 걸맞은 능력과 용기가 필요하다. 자신이 남들과 무엇이 다른지를 정확히 알고 있어야 하고, 그것을 생산성으로 연결시킬 수 있는 지성과 과감성이 필요하다. 평범한 보통 사람들은 서로의 물리적 거리를 좁힘으로써 자신의 불안감을 해소하지만, 사상적 높이가 탁월한 사람은 타인과의 적절한 거리를 유지함으로써 자신의 정신적 에너지를 재능 계발로 돌린다.

물론 인맥을 형성하고 유지하는 것은 재능 계발 못지않게 매우 중요한 일이다. 그러나 매일같이 모여 술이나 마시며 자리에 없는 다른 이를 뒷담화하는 것이라면, 자신의 미래와 별로 상관도 없는 연예인들의 가십거리에 대해서 이야기하는 것이라면, 정치적 논쟁에 대해 필요 이상으로 열을 올리며 대화를 나누는 것이라면 그것을 인맥 관리라고 하긴 민망할 것이다. 우리는 인생을 좀 더 생산적으로 살 필요가 있다. 만약 당신이 창조성을 추구하는 사람이라면 말이다.

창조적이고자 한다면 다양한 분야에 대한 독서를 해야 하고 지식을 종합하여 새로운 아이디어를 내는 데 집중할 수 있는 혼자만의 시간이 필요하다. 창조적이 되기 위해서는 정신적 에너지를 효율적으로 운용해야 한다. 그래야만 우리는 고독의 여유를 창조해 낼 수 있고, 그 시간 동안 실력을 키우고 새로운 작품을 모색하고 창조해 낼 수 있다. 불필요한 일에, 사람에 너무 에너지를 빼앗기고 지치면 안 된다.

위대한 창조는 고독한 사람들이 연결될 때 일어난다

물론 모든 창조의 과정을 혼자서 감당해야 한다는 이야기는 아니다. 혁신은 혼자서만 이룰 수 없다. 수많은 협업이 필요하다. 자신의 재능과 비전을 다른 사람의 그것과 결합시켜 전혀 새로운 모습으로 변화를 시도해야 한다.

창조성은 다른 사람과 함께할 때 증대될 수 있다. 아무리 스티브 잡스라고 해도 천재 기술자 스티브 워즈니악의 도움이 없었다면 지금의 결과를 내기 어려웠을 것이다. 발명왕 에디슨도 회사에 고용된 수많은 엔지니어들의 도움을 받았다. 20세기를 대표하는 지성 아인슈타인 역시 자신의 이론을 공식화하는 데 있어서는 아내 밀레바 마리치의 도움을 받았다.

다만 이들은 연결되기 이전에 정신적으로 독립된 존재들이었다는 점에 주목할 필요가 있다. 집단 지성은 고독을 자초할 수 있는 경지에 오른 사람들이 네트워크를 형성하고 머리를 맞대어 탄생한다. 사람들은 '팀(team)'이라는 가치를 맹목적으로 떠받들며 집단 지성을 최고의 창조성과 결부시키지만, 협력보다 중요한 것은 협력 이전에 각 개인이 사상적으로, 지적으로 독립된 존재여야 한다는 점이다. 서로 비슷한 사람들이 팀을 구성하고 아이디어를 낸다면 천편일률적이고 무난한 수준에서 벗어날 수 없다. 그것은 집단 지성이 아니라 군중 심리에 가깝다. 위대한 창조는 자신만의 고유함을 감당해 내는 사람, 즉 고독한 사람들이 연결될 때 탄생한다.

무조건적인 소통만으로는 집단 지성을 기대할 수 없다. 너무 비슷한 사람들과만 교류하면 비슷한 의견만 얻게 된다. 지금보다 색다르고 파격적인 아이디어를 원한다면 당신과 정반대되는 곳에서 고독의 경지에 오른 사람들을 찾아가 보라. 다양한 자극적 요소로 무장한 사람들이 서로 부딪히며 스파크를 일으키는 곳에 찾아가라.

우리는 적절한 네트워크를 형성하고 그것에 선택적으로 참여할 수 있어야 한다.

어떻게 읽을 것인가?

세상은 당신이 생각하는 것보다 훨씬 광범위하며
그 세계는 책에 의해 움직이고 있다.

– 볼테르

창의성을 기르기 위해서는 창의성의 재료가 될 수 있는 지식들을 축적해 놓아야 한다. 불안정한 미래에 대응하는 태도나 마음가짐 역시 책을 통해서 얻을 수 있다. 그러므로 창의적인 사람, 더 나아가 창조적 인물이 되는 것에 있어 독서는 선택이 아닌 필수라고 볼 수 있다.

문제는 '어떻게 읽을 것인가'이다. 책은 어떻게 읽어야 할까? 사람마다 스타일이 다르므로 누구에게나 100% 통용되는 독서법은 없다. 하지만 책 읽기의 본질을 고려한다면 누구에게나 무난하게 적용되며, 실제로 효율적이고 지속가능한 독서를 위한 몇 가지 기준이 존재한다.

첫째, 책을 고르는 방법이다. 당신은 어떤 책을 읽고 싶은가? 사실 책을 선택하기에 앞서 선행되어야 할 것은 당신의 관심 분야다. 당신이 흥미를 느껴야 하고, 현실적 필요를 느끼는 주제에 대한 책을 보는 것이 좋다.

단순히 베스트셀러라는 이유로, 유명작가의 작품이라는 이유만으로 읽는 것은 추천하지 않는다. 또한 창의적이기 위해서는 다방면의 지식을 축적해야 한다는 명분에 집착해서 전혀 관심도, 흥미도 없는 분야의 책을 강박적으로 읽는 것도 추천하지 않는다. 자신이 가장 흥미를 느끼는 분야의 책을 읽다 보면 인접 분야의 책도 읽게 되고, 자연스럽게 전혀 반대되는 분야의 책도 읽게 되어 있다. 이 과정은 자연스럽게 이루어진다.

책을 읽는 것에 대해 부담과 강박이 있어서는 오래가지 못한다. 결국 별다른 흥미를 느끼지 못하고 독서를 더욱 멀리하게 될 공산이 크다.

당신에게 흥미와 실제적 도움을 줄 수 있는 주제의 책을 골라라. 그리고 해당 분야의 책을 최소 3권에서 5권 정도 고를 것을 추천한다. 작가들은 특정 주제에 대한 자신만의 고유한 사상을 바탕으로 그것을 대중들에게 호소하기 위한 목적으로 책을 쓴다. 때문에 하나의 주제에 대하여 한 저자의 책만을 읽는다면 해당 분야에 대하여 단편적인 시각을 가질 가능성이 크다. 그래서 해당 분야에서 비슷한 주제를 다루고 있지만 전혀 다른 논리와 사례를 바탕으로 자신만의 주장을 전개해 나가는 책 5권 정도를 읽어 볼 필요가 있는 것이다.

둘째, 전문성을 기르는 것이 목적이라면 해당 저자가 참고한 문헌을 살펴보아라. 저자들은 책 한 권을 집필하기 위해 실로 수많은 논문과 양서들을 살펴본다. 이 참고 문헌들을 꼬리 물기 하며 30권 이상의 책과 논문을 읽고 분석하게 되면 당신은 해당 분야에서 학위를 받은 사람들 못지않게 해박한 지식을 축적할 수 있게 된다.

암기가 필요한 부분은 노트를 마련하여 도식화하여 정리하라. 해당 분야의 책을 5권 정도 읽었다면 본질만 추려 노트 한 권 분량으로 요약하라.

셋째, 읽어야 할 분량을 미리 정해 놓지 말고 자유롭게 읽어라.

우리는 학습 분량을 미리 정하는 것에 너무 익숙해져 있다. 학습 분량을 미리 정해 놓으면 항상 규칙적인 책 읽기가 가능할 것 같지만, 사실 책 읽기를 더욱 멀리하게 될 공산이 크다.

일단 독서량을 설정해 놓으면 책의 내용보다는 분량에 집착하게 된다. 하루 50페이지 또는 1시간씩 독서를 하기로 정했다면 당신은 퇴근 후 어떻게든 1시간을 할애하여 책을 보아야만 한다. 이는 흥미보다는 부담감을 주기 쉽다. 책의 내용에 온전히 집중하기보다는 책장을 넘기며 50페이지까지 얼마나 남았는지를 신경 쓰거나 시계를 자꾸 들여다보게 된다.

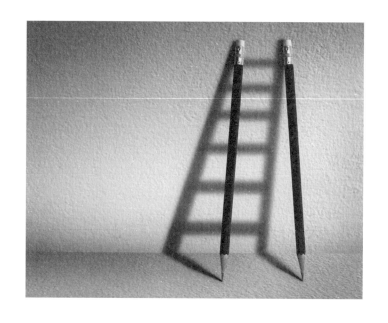

창의성을 기르기 위해서는
창의성의 재료가 될 수 있는 지식들을 축적해 놓아야 한다.

만약 50페이지의 분량을 읽을 시간이 없거나, 책을 볼 수 있는 시간이 40분 정도밖에 되지 않는 경우라면 그날 책을 읽지 않아도 될 훌륭한 명분이 된다. 책은 자유로운 분위기에서 마음 가는 대로 읽는 것이 좋다. 집중이 잘되는 날에는 3시간을 읽을 수도 있고 시간이 30분밖에 없는 날에는 그 정도만 읽을 수도 있다.

한 권의 책 안에서도 눈으로 슬슬 읽고 넘어가도 될 부분이 있고, 단 10페이지라도 충분한 시간을 할애하여 이해하고 넘어가야 할 부분이 있다. 분량에 집착하면 충분히 시간을 투자해야만 하는 부분들을 대충 건너뛰는 독서를 하게 된다. 내용을 소화시키는 것보다 삼키는 것에 집착하는 독서로는 책 10권을 읽어도 얻는 것이 별로 없다.

넷째, 학문적 체계성을 요하거나 전문 지식을 전달하는 책은 정독 전에 목차와 구성을 한 번 살펴보고 시작하는 것이 좋다. 중간중간 등장하는 용어나 단어는 억지로 암기하려고 하기보다는 이해 중심으로 진도를 나가는 것이 좋다. 암기가 필요한 부분은 노트에 정리하여 차후 학습을 하는 것이 좋다. 처음부터 너무 어려운 책을 고르면 흥미가 떨어지므로 초보자도 무난하게 읽을 수 있는 입문서를 먼저 볼 것을 추천한다. 그러면 책을 읽었다는 성취감과 함께 정복감을 느낄 수 있게 되고 이를 바탕으로 좀 더 심화된 내용의 책에 도전을 하게 된다.

다섯째, 영감 노트를 만들어 당신의 생각을 정리하라.

책을 읽다 보면 특별한 영감이나 깨달음을 주는 대목들이 등장한다. 이때 책의 가장자리를 접고 해당 부분에 자신만의 표시를 해 두는 것도 좋다. 하지만 해당 부분에 대하여 당신만의 생각이 떠오른다면 노트에 바로 그 생각을 기록해 두는 것이 좋다. 영감의 순간은 한 번 지나가고 나면 또다시 그 페이지를 펼쳐 봐도 다시 찾아오지 않는 경우가 많기 때문이다.

좋은 글감은 필사하고 자신만의 생각을 곁들여 그 아래에 정리하라.

여섯째, 유튜브를 비롯한 시각 자료를 시청하라.

유튜브에는 특정 주제에 대한 다양한 책들을 소개하고 다루는 영상들이 많이 업로드되어 있다. 해당 책에서 이해가 되지 않았던 부분이나 사람마다 달리 해석될 수 있는 부분에 대한 해답을 얻을 수 있다. 당신과 다른 생각을 가지고 있는 유튜버의 이야기를 들어 보아라. 책을 읽는 것은 많은 에너지가 소모되는 일이지만 동영상을 시청하는 것은 그다지 많은 에너지를 요구하지 않는다. 동영상은 책 속의 글보다 생생하고 감각적으로 지식을 전달해 주기 때문이다. 당신이 읽은 책에 대해서 10분 정도의 동영상을 청취하면 지식들을 다시 정리하는 효과를 볼 수 있다.

마지막으로 글쓰기를 하는 단계다. 책 읽기에서 창조로 나아가는 관문이다.

글은 작가나 기자만 쓴다는 편견을 버려야 한다. 독서는 생각이 깊은 인간을 만들지만, 글쓰기는 정확한 인간을 만든다. 당신의 사상을 명료하게 만드는 것은 글쓰기다. 우리는 생각보다 아는 것이 별로 없으며, 알고 있다고 생각하는 것조차 서로 모순되게 알고 있는 경우가 많다. 당신이 어렴풋이 안다고 생각하는 주제들에 대하여 글쓰기를 해 보아라. 하나의 주제를 놓고도 서로 모순되거나 논리적으로 이어지지 않는 생각들을 품고 있는 경우가 많다는 것을 알 수 있다. 그것들을 끄집어내고 정리하면서 당신의 논리적 사고력이 신장되고, 서로 무관하고 모순되어 보이는 서술을 자기만의 논리로 일관성 있게 이어주는 작업을 통해 상상력이 우수해진다. 모순된 상황을 수용할 수 있는 지적 한계의 폭이 넓어지게 된다.

창의적인 사람, 더 나아가 창조적 인물이 되는 것에 있어
독서는 선택이 아닌 필수라고 볼 수 있다.

세상과 부조화를 자초할 배짱

남다른 인생을 살고 싶다면 180% 노력하지 말고,
180도 다른 길을 가야 한다.

타인의 눈치 따위는 보지 않는다

타인의 시선에서 자유로워져라.
남의 마음에 드는지 어떤지를 문제 삼지 않는 인간이 세상에서 성공할 수 있다.

−G. 킹켈

제목에서 말하는 '눈치를 보지 않는다'의 의미는 '내 멋대로 살겠다'가 아니라 '내 뜻대로 살겠다'를 의미한다. 전자는 상황이나 타인에 대한 이해 없이 오직 자기중심적으로 살겠다는 이기주의고, 후자는 타인의 눈치를 보느라 나 자신을 희생시키지 않겠다는 것을 의미한다.

사람이 눈치를 본다는 것, 그 자체를 부정적인 것으로 볼 수는 없다. 눈치를 본다는 것은 곧 상대방의 입장을 살핀다는 것으로, 인간관계에 있어 곧 배려와 양보라는 미덕으로 나타나게 된다. 하지만 타인의 입장만을 살피느라 나 자신을 돌보지 않는 사람들이 많은 데서 문제가 발생한다.

남의 시선을 너무 의식하는 사람들은 자신에 대한 타인의 비판에 큰 두려움을 가지고 있다. 자신에 대해 주위 사람들이 어떻게 생각하는지를 항상 의식하고 다닌다. 때문에 감히 비합리적인 것으로 평가받을 일들을 저지르지 못한다. 우리 사회에는 '~다움'이라는 규범에 의해 사상과 행동에 제약을 받는 사람들이 많다. 그 족쇄를 깨닫고 있다고 해도 그것을 풀어버릴 용기도 부족하다. 반면, 창조적인 사람들은 남을 너무 의식한 나머지 자신의 독창성을 희생시키는 어리석은 짓을 저지르지 않는다. 이들은 세상의 보편적 기준에 부응하기 위해 자신의 생명력을 소진시키지 않는다.

물론 어쩔 수 없이 눈치를 보아야 하는 상황도 존재한다. 한 조직 내에서 자신보다 높은 지위의 사람과 함께 의무를 수행할 때가 그렇다. 승진을 위해서, 경제적으로 안정된 생활을 유지하기 위해서 하급자는 상급자의 눈치를 볼 수밖에 없다. 대부분의 사람들은 자신을 완전히 낮춰 그들에게 순종한다. 자신만의 독창적 이견이 있어도 이를 주장하기보다는 숨기고 상사의 지시에 따른다. 이것이 우리가 아는 하급자로서의 예의고, 상관에 대한 존중이다.

하지만 자신의 가치를 스스로 창조하는 사람은 이들의 경력과 계급을 존중해 주면서도 결코 자신만의 색깔을 포기하지 않는다. 상황에 따라 적절하게 숨기고 당당하게 드러내기도 한다. 이들이 인생을 당당하게 살 수 있는 이유는 무엇일까?

이들은 삶을 영위하는 데 있어 타인에 대한 의존도를 낮춘다. 알고 보면 타인에 대한 눈치나 의식의 모든 것들은 타인에 대한 의존에서 발생한다. 자존감이 약한 사람은 타인의 인정에 자기의 존재 가치를 의존하고, 상대적으로 열등한 지위에 있는 사람은 자신보다 높은 지위에 있는 사람에게 경제적으로 의존한다. 의존하는 것을 좋아하는 사람들은 간판이 좋은 기업에 입사하면 자신의 가치를 그것과 동일시하여 우월 의식을 갖는다. 때문에 자신의 가치를 상당 부분 조직에 의존하고 있으며, 그 조직에서 따로 분리되거나 버림받는 것에 대하여 극도의 위협감을 느끼게 된다. 그 우월 의식은 자신보다 못한 간판을 가진 사람들의 가치를 폄하하여 함부로 평가하게 만들기도 한다.

반면, 자신의 가치를 스스로 창조하는 사람은 자신의 가치를 타인이나 간판에 의존하지 않으므로 회사에 다니면서도 언제나 자기계발에 힘쓰며, 상대방의 가치 역시 표면적 스펙이나 간판이 아닌 본질로서 존중할 수 있게 된다. 이들은 자신이 무엇을 잘하는지, 무엇에 중추쾌감을 느끼는지 잘 알고 있다. 이들은 어느 회사에라도 이직할 수 있는 힘을 키워 놓는다. 이들의 목적은 의존이 아닌 자립에 있기 때문에 이들은 조직 내에서 상사를 대할 때도 당당할 수 있는 것이다. 어느 상황에서도 쫄지 않고 당당하게 근무할 수 있다. 목표가 의존이 아닌 자립에 있으므로 자기존중, 즉 자존감을 넘어 존재감이 뚜렷한 사람이 되는 것이다. 그 당당한 모습은 지위고하를 막론하고 주변 사람들로 하여금 함부로 대할 수 없는 인물이라는 인식을 가지게 만든다.

모두의 기대를 충족시켜 줄 수 있을 만큼 완벽한 사람은 이 세상에 존재하지 않는다. 당신을 향한 외부의 시선에 집착하지 말고 당신 내면에 존재하는 순수한 욕망과 고유성에 집중하라. 외부의 시선과 기준을 지나치게 의식하면 당신은 당신의 삶을 변화시킬 수 있는 새로운 시도들을 할 수가 없다. 당신은 당신의 것도 아니면서 당신에게 별로 도움도 되지 않는 신념들을 머릿속에 너무나 많이 축적해 놓았다.

현재 당신이 가지고 있는 모든 신념을 의심하는 것부터 시작하라. 당신이 따르고 있는 신념 중 대다수는 다른 사람들이 당신에게 주입한 것들이다. 우리들은 성장하면서 내면의 충동을 이성으로 억압하는 훈련에 너무 익숙해져 왔다. 우리는 사회적으로 용인되는 것, 예의 바른 것, 의무적인 것을 하도록 교육받았다. 내면의 이중성은 순수한 욕망과 타인에 의해 주입된 욕망 사이에서 당신을 우왕좌왕하게 만든다. 타인을 지나치게 의식하는 상태가 지속되면 불필요한 신념이 당신의 민감한 뇌와 결합해서 아무것도 시도하지 못하게 만든다.

예술적 표현에 있어서도 대중의 시선을 지나치게 의식해서는 안 된다. 몸의 움직임이나 표정이 부자연스럽게 될 뿐이다. 보여 줘야 한다는 의식이 강하게 자리 잡으면 노래 부르는 목소리도 어색해진다. 관객들이 불편한 느낌을 받게 된다. 오직 자기 자신에 충실한 사람이 예술적으로도 자연스러운 기량을 발휘할 수 있다. 창조적인 사람이 되려면 타인의 시선을 의식하는 습관부터 버려야 한다.

경쟁하지 말고 창조하라

남들이 발을 들여놓지 않은 영역에 진출하는 가장 큰 장점은 경쟁의 부담이 없고
그곳으로 통하는 문을 열기만 하면 성공을 얻은 것이나 마찬가지라는 것이다.

– 프리드리히 니체

경쟁이 치열한 곳은 구도가 고착화되어 있다. 이미 많은 사람
이 지나다녀서 평평해진 길은 경쟁자가 너무 많다. 참가자가
1,000명이면 1%인 10명 정도만 승자가 되고 나머지 990명은
모두 낙오자가 된다는 말이다.

당신은 몇 등인가? 이미 상위 1% 그룹에 속해 있는가? 아마
도 이 책을 보고 있는 대부분의 독자들은 나머지 99% 그룹에
속해 있을 것이다.

당신이 상위 30% 그룹에 속해 있다고 가정할 때, 노력으로 간
신히 10% 그룹에 들었다고 하자. 그러면 전혀 다른 인생을 누
릴 수 있을까?

사실 상위 30%에 속해 있건 10%에 속해 있건 당신 인생에 유의미한 차이는 없다. 사람들이 잘못 생각하는 것 중 하나는 수많은 사람들이 우글거리는 치열한 경쟁의 장에서 승리했을 때 더 많은 인정과 보상이 있을 것이라는 생각이다. 하지만 이는 큰 착각이자 자기합리화다. 수많은 사람들을 제치고 승리를 거머쥔다는 것도 매우 어려운 일이지만, 설령 승리한다고 해도 당신에게 돌아가는 인정과 보상은 그리 많지 않다.

이 길은 이미 당신보다 뛰어난 사람들로 가득 차 있다. 조직과 사회는 얼마든지 당신을 다른 사람으로 교체할 수 있다. 당신의 가치는 별다를 바 없는 수많은 이들 사이에서 희석된다.

당신은 왜 이 치열한 경쟁의 장에 존재하는가? 스스로 걸어들어온 것인가? 아니면 강제로 끌려온 것인가? 많은 사람들이 참가하는 장이므로 의지에 상관없이 대세에 이끌려 온 것은 아닌가? 등수보다 더 본질적인 문제는 이 경쟁이 당신에게 어떠한 의미가 있느냐이다. 그게 당신이 진정 원하는 것인가?

성공을 추구하는 것은 좋다. 하지만 성공이 무엇인지 알고 달려들어라. 왜 당신은 1등을 하려고 하는가?

사람은 누구나 성공하고 싶어 한다. 트렌드에 민감하게 반응하고 남보다 앞서고 싶어 한다. 경쟁에서 이기고 싶어 한다. 그 본능 자체를 부정하진 않겠다. 성공하고 싶다면 성공하기 위해 노력하라. 당신이 원하는 것을 결국 손에 넣지 못했다고 해도 좋다. 어쨌든 당신은 최선을 다했고 후회의 여지를 남기지 않을 테니까.

하지만 최악의 경우는 당신이 원하는 것인 줄 알았는데, 그 여정의 끝에 가 보니 자신이 원하던 것이 아니었을 때이다. 자기 내면에 대한 탐구가 빈약한 사람일수록 자신이 추구하는 가치가 무엇인지도 모른 채, 그저 집단이 정해 준 행복의 기준을 강박적으로 좇는 법이다. 이들은 자신의 욕망보다는 남들에게 뒤처지지 않겠다는 안도감을 더욱 갈망한다. 남에게 뒤처지지 않을 수만 있다면 자신의 진정한 내면을 억누르고 희생시키는 것쯤은 대수롭지 않게 여긴다.

순수하게 자신의 욕망을 추구하는 사람, 자신의 행복을 추구하는 사람은 그 본질이 순수하고 탄탄하기 때문에 자신의 모습이 외부에서 어떻게 보일지에 대해 그다지 신경을 쓰지 않는다. 이 사람은 세상이 자신을 어떻게 생각하는지보다 자신이 세상을 어떻게 바라볼 것인지에 집중한다.

사람들은 트렌드를 중시한다. 요즘 무엇이 화젯거리인가에 집중한다. 여러 방송 매체, SNS를 보면서 셀럽들이 어떤 라이프 스타일을 즐기는지, 어떤 가치를 추구하는지, 어떤 패션을 추구하는지를 보고 따라간다. 그리고는 이러한 트렌드에 따르지 않는 다른 사람들을 유행에 뒤처지는 비문화인으로 취급한다.

트렌드를 맹목적으로 추구하는 사람에게 묻겠다.

"당신은 누구인가?"

순수하게 자신의 욕망을 추구하는 사람,
자신의 행복을 추구하는 사람은
세상이 자신을 어떻게 생각하는지보다
자신이 세상을 어떻게 바라볼 것인지에 집중한다.

일상에서 탈피하여 당신을 재창조하라. 유행을 추구하지 말고 당신이 직접 화제의 중심이 되어라. 그것을 발판으로 유행을 선도하는 사람이 되어라. 현재 인기 있는 것을 연구하고 일부러 그것과 확연히 다른 것을 시도하라.

속도보다 중요한 것은 방향성이다

노력을 많이 하든 조금 하든, 무언가를 크게 이뤄 내든 작게 이뤄 내든 근본적으로 방향이 맞으면, 당신이 진정 원하는 것이면 크게 문제되지 않는다.

하지만 아무리 속도가 빨라도 방향이 잘못되면 막대한 자원을 낭비하게 된다. 그래서 성공을 추구하는 것도 좋은 일이지만, 그것보다 중요한 것은 성공이 무엇인지 알아보고 달려드는 것이다. 당신이 추구하는 성공은 당신의 것인가, 남이 원하는 것인가.

오직 당신 자신에만 집중하라. 당신만의 가치가 없는 성공은 당신의 것이 아니라 누군가의 만족을 위한 성공에 불과하다.

남과 비교하지 마라. 시기와 질투는 강력한 동기를 제공해 주기도 하지만 잘못된 방향 설정을 하게 만들기도 한다. 당장 남과 비교해서 자신이 열등감을 느끼는 부분에만 집착하기 때문이다. 비교는 더 나쁜 결정을 하게 만든다.

당신을 망치는 것은 다른 사람의 눈이다. 행복의 기준을 자신이 아닌 타인에 의해 설정하기 때문이다. 에고(ego)는 참된 자아가 아니다. 당신을 향한 사회적 이미지들의 종합에 불과하다. 에고(ego)가 추구하는 목표 안에서 당신은 진정한 당신으로 존재하지 않는다. 탁월한 성취가 참된 자아의 욕망을 대리 충족시켜 줄 수는 없다. 방향이 잘못된 성취는 공허하다.

남보다 나은 것보다 남과 다른 것이 중요하다

4년제 학사 학위, 높은 TOEIC 점수는 취업 시장에 뛰어든 사람이라면 누구나 가지고 있는 스펙이다. 학점 4.0 이상에 TOEIC이 900점이 넘어도 별다른 경쟁력을 가질 수 없다. 남들이 모두 똑같이 가지고 있는 것인데, 단지 양적으로 누가 조금 앞서가냐의 차이로 결국 평범한 스펙에 불과할 뿐이다. 이것들은 당신의 고유성을 증명해 주지 못한다.

우리는 스스로를 특별하게 만들기 위해 치장을 할 필요가 있다. 그리고 그 치장은 우리가 지닌 고유성을 바탕으로 만들어진 것이어야 한다. 역사적으로 이름을 남긴 천재들 역시 스승의 이론을 그대로 답습하기보다는 기존의 학설과 스승의 권위에 도전하고 자기만의 독창적인 영역을 창조한 경우가 많았음을 알 수 있다.

남다른 인생을 살고 싶다면 180% 노력하지 말고, 180도 다른 길을 가야 한다. 당신이 원하는 것은 무엇인가? 당신이 남보다 잘할 수 있는 것은 무엇인가? 'must'와 'like'가 겹치는 구간은 어디인가?

필자의 말이 너무 이상적인가? 어떻게 자신이 하고 싶은 것만 하면서 살 수 있는지 의문이 드는가?

물론 인간은 모든 환경적 제약으로부터 자유로워질 수 없다. 하지만 삶은 결코 하나의 덩어리가 아니다. 삶은 다각적이다. 여러 가지 조각들로 구성되어 있다. 때문에 삶은 여러 가지 모순이 공존할 수 있다. 삶에 모순을 도입하는 것이 자유를 얻는 방법이다. 당신의 자유는 모순 속에 깃들어 있다.

우리는 모순 속에서 창조의 동력을 발견하고 삶의 일부를 바꿔 나갈 수 있다. 당신은 당신의 삶을 조형하는 예술가다. 자유를 얻고 싶다면, 창조적인 사람이 되고 싶다면 어떻게 삶에 모순을 도입할 것인지를 고민하라.

인맥보다 실력이 먼저다

집에 돌아와 문을 닫고 실내가 어두워진 뒤 나는 혼자라고 절대 중얼거리지 말라.
너는 혼자가 아니다. 너의 특별한 재능과 신이 네 안에 있다.
그들이 너를 알기 위해 무슨 불빛이 필요한가?

– 에픽테토스

먼저 실력을 키워라. 모든 인간은 자신의 실력만큼의 인맥을 형성할 수 있다. 당신이 100점의 실력을 갖추고 있으면 100점 짜리 인맥을 형성할 수 있고, 실력이 30점이면 딱 그 정도 수준의 인맥을 형성할 수 있다. 인맥이란 서로 대등한 가치를 지닌 사람이 서로에게 대등한 이익을 주고받을 수 있을 때 형성되는 것이다. 일방적으로 더 큰 이익을 얻고 배려받는다면 그것은 인맥이 아니라 민폐이다. 인맥은 음료수 자판기와 같다. 당신이 먼저 그에 상응하는 돈을 넣어야 원하는 음료수를 골라 마실 수 있다. 음료수를 먼저 마시고 나중에 돈을 넣는 인맥은 현실에 존재하기 어렵다. 이 세상은 냉정하다.

당신은 뛰어나고 힘 있는 사람들과 친분을 쌓음으로써 그들과 인맥을 형성했다고 생각할 수 있다. 하지만 그것은 당신의 착각이다. 그들에게 당신은 인맥이 아니다. 아무리 많은 인맥을 형성해 놓아도 당신의 실력이 형편없으면 당신에게 먼저 연락할 사람은 거의 없다. 당신이 먼저 연락을 취해도 당신의 제안에 최대한 그럴듯한 핑계를 대면서 예의 바르게 거절할 것이다.

처세술은 당신을 좀 더 특별한 사람으로 만들어 줄 수 있다. 하지만 처세술이라는 것도 실력이 먼저 전제되어야 한다. 실력이 어느 정도 구비되어 있어야 처세술도 먹히는 것이다. 100점짜리 인맥을 형성하고 싶다면 당신이 먼저 80점 정도의 실력을 키워 놓아야 한다. 당신이 80점 정도의 실력을 키워 놓으면 당신의 능력에 대해 적절한 포장을 하거나 마케팅 능력을 동원해 충분히 100점 상당의 가치로 보이게 만들어 놓을 수 있다.

실력을 키울 때는 일단 인맥에서 벗어나야 한다. 인맥보다 고독을 선택하라. 사람을 찾고자 한다면 인맥보다 코치를 찾아라. 짧은 시간 동안 당신을 효율적으로 성장하게 도와줄 멘토를 찾아라. 멘토는 당신과 대등한 위치에서 무엇인가를 주고받는 인맥이 아니다. 그들에게 냉철한 피드백을 받아라.

당신이 먼저 압도적인 존재감을 풍기는 인물이 되어라. 그래야 당신이 원하는 환경을 능동적으로 찾아갈 수 있는 힘이 생기게 된다. 사회가 만든 각본의 수동적 피해자가 되는 것을 거부하고 당신과 조화될 수 있는 세상을 건립할 수 있는 힘이 생기게 된다.

이때 당신과 뜻을 같이 하는 사람들을 찾아가라. 그들과 네트워크를 구축하고 꿈을 실현하라.

세상은 냉정하다

흔히들 성공하면 인맥은 저절로 형성된다는 말을 한다. 물론 맞는 말이다. 그렇다면 성공한 사람 주위로 사람들이 모여드는 이유는 뭘까? 성공하기까지의 험난한 과정을 이겨낸 것이 존경스러워서? 품은 뜻이 위대해서?

물론 그럴 수도 있다. 하지만 좀 더 정확한 이유를 대자면 당신에게서 뜯어먹을 것이 많이 생겼기 때문에 몰려드는 것이다. 성공했다는 것은 그만큼 당신에게서 뜯어먹을 것이 많아졌다는 뜻이다. 당신을 통해 얻고자 하는 그것은 돈일 수도 있고, 명성일 수도 있고, 기술일 수도 있다. 당신이 세상 사람들에게 이익을 줄 수 있는 힘이 충분히 강해졌다면 당신은 성공한 사람으로 정의될 수 있다.

이 시대에는 청년 멘토들이 넘쳐난다. 이들은 청년들에게 따뜻한 위로의 메시지를 전하면서 당신은 지금 그 자체로도 충분히 아름다운 존재라고 말한다. 세상 탓만 하면서 감정에 호소하는 것이다.

하지만 이러한 감성팔이용 힐링은 약발이 일시적이어서 당신 현실의 본질적 문제를 전혀 해결해 주지 못한다.

그들은 대중이 불편한 진실보다 편안한 거짓과 아름다운 판타지를 더 좋아한다는 사실을 너무나 잘 알고 있다. 그래서 강연에 나가면 듣기 좋은 말만 해 주고 인기를 얻는다. 이들은 한 개인인 당신의 인생에 대해서는 별로 관심이 없다. 평범한 사람들이 자신에게 이익이 될 만큼 모여서 집단을 이루게 될 때 거기에 부합하는 행동을 할 뿐이다.

당신의 가치는 스스로 창조해야 한다. 누군가에 기대어 저절로 해결되는 문제는 없다. 누군가에게 이익을 줄 수 있는 힘이 강해졌다는 것은 이익에 대한 대가를 요구할 수 있는 힘도 강해졌음을 의미한다. 세상이 당신을 대하는 태도가 냉정한 만큼 당신이 세상을 대하는 태도도 냉정해야 한다.

세상에 대한 비관적 감정을 전달하는 것이 필자의 목표는 아니다. 필자의 목표는 세상에 대한 정확한 진단에 있다. 이 세상에서 무엇인가 되고 싶다면, 남다른 결과를 내고 싶다면, 창조적인 사람이 되고 싶다면 일단 이 세상의 냉정한 현실을 있는 그대로 직시할 필요가 있다.

사람들은 당신의 성공을
원하지 않는다

인간은 태어나면서부터 허영심이 강하고, 타인의 성공을 질투하기 쉬우며,
자신의 이익 추구에 대해서는 무한정한 탐욕을 지닌 자다.

— 니콜로 마키아벨리

　이 세상에는 제멋대로 사는 사람보다는 자신을 억누르고 얌
전하게 사는 사람들이 압도적으로 많다. 그래서 사람들은 당신
이 성공했다거나 심지어 당신이 몇 가지 작은 성취를 이루었다
는 말조차 듣고 싶어 하지 않는다.

　인간은 누구나 자신을 타인과 비교한다. 타인이 어느 정도의
재산을 가지고 있는지, 어떠한 재능이 있는지, 어떠한 위치에
있는지를 파악하고 그것에 자신의 것을 투영한다. 만약 자신의
것이 앞서 있으면 깊은 안도감을 누리지만, 그 반대의 경우라면
불쾌한 감정을 겪게 된다.

　특히 비교 대상이 되는 상대가 자신의 동료였거나 친구였거

나 자신과 비슷한 위치에 있었던 사람이 발전한 경우라면 그 열등감은 매우 추잡한 지경에 이르게 된다. 나처럼 별 볼 일 없다고 생각한 사람이 나는 넘어설 수 없는 경계를 넘어섰다는 것은 절대 용서할 수 없는 일이고 자존심 상하는 일이기 때문이다.

모든 인간에게 있어 시기와 질투라는 감정은 뼛속 깊은 곳에 새겨 있는 본성과도 같은 것이다. 이 본성은 성인과 같은 해탈의 경지에 이르지 않고서는 없앨 수 없는 것이다. 우리는 이 '시기'와 '질투'라는 감정을 공부함으로써 그것을 생산적인 방향으로 활용하거나 대처할 수 있을 뿐이다.

인간에게 있어 시기심은 매우 불편한 감정이다. 그 감정이 일어났다는 자체만으로 자신이 열등하다는 사실을 인정하는 꼴이기 때문이다. 이렇게 추한 자신의 모습이 타인에게 알려진다는 것은 매우 자존심이 상하는 일이므로 일단 마음속에 시기라는 감정이 발동하면 그것을 숨겨야 할 강한 동기가 발생하게 된다. 그래서 '시기심'을 '분노'라는 감정으로 대체한다. 차라리 '분노'는 '시기심'보다 훨씬 자존심 친화적인 감정이기 때문이다. 분노라는 감정으로 도망을 치게 되면 자신이 열등하다는 사실을 인정하지 않으면서도 매우 그럴듯한 변명거리를 찾을 수 있게 되는 것이다.

"내가 느끼는 감정은 분노이지, 너에 대한 질투가 아니야!"

이들이 말하는 분노의 감정을 잘 들어보면 대부분 이런 식이다. 너도 나와 별반 다를 게 없는 인간인데, 나에게는 너처럼 동등한 기회가 주어지지 않았다거나, 평가 방식이 공정하지 않았다는 것이다.

자기계발을 하면서 창조성을 추구하는 사람은 자신이 주변 사람들로부터 존경과 경외의 대상, 칭찬과 응원의 대상이 되길 바라겠지만, 사실은 정반대의 결과를 맞이할 가능성이 크다. 사람들은 당신이 자신들을 넘어서는 것을 경계한다. 그리고 그것을 당신에게 매우 애매모호한 방식으로 표출한다. 당신에 대한 질투의 감정은 숨겨야 하기 때문이다. 당신은 이들의 감정을 제대로 파악해야만 그들의 고약한 덫에 걸리지 않을 수 있다.

당신에게 시기심을 가진 사람은 이상한 조언을 해 줄 것이다. 그 조언이라는 것은 나름대로 그럴듯한 논리적 형태를 갖추었기 때문에 당신을 혼란스럽게 만들 것이다. 무엇인가에 도전하고 노력하는 사람은 항상 고급스러운 인간들을 조심해야 한다. 고급스러운 인간은 자신의 감정을 노골적으로 표출하지 않으면서도 자신의 목적을 달성하는 데 능숙하다. 이들은 당신의 단점에 대해 피드백을 해 주는 것 같지만, 사실 당신의 에고(ego)를 끌어내려서 자신의 에고(ego)를 우뚝 세우는 것에 목적이 있다. 이들의 말은 매우 논리적이고 그럴싸하지만, 사실 본질만 추려서 정리하면 결국 다음과 같은 내용에서 크게 벗어나지 않는다.

"너 자신을 알아야지."

"네가 성공할 일이면 나도 할 수 있겠다."

"가만히 있으면 중간은 간다."

"너무 높이 날려고 하다 다치는 수가 있다."

"너는 나와 같은 영역에서 벗어날 수 없어."

상대방의 이러한 감정을 파악했다면 처음엔 그것을 자연스러운 인간 행동으로 받아들이는 것이 좋다. 인간은 누구나 시기와 질투를 할 수 있다. 이러한 점을 문제 삼는다면 우리는 그 누구와도 어울릴 수 없을 것이다. 다만 매우 교묘한 방식으로 당신의 실수를 유발하거나 일에 훼방을 놓는 경우라면 당신은 분명한 포지션을 취할 필요가 있다. 이들은 자신들의 시기심을 매우 부끄러워하기 때문에 그것을 교묘한 방식으로 숨기고 당신에게 훼방을 놓는 것이다.

직장 동료이기 때문에 업무상 마주치는 관계라면 마냥 멀리할 수 없는 경우에 해당한다. 이때는 이들을 직접 대면하여 해결하는 것이 좋다. 당신이 그들과 직접 대면을 통해 대화를 시도하면 그들은 당황하게 될 것이다. 시기심이라는 감정은 인간에게 있어 매우 부끄럽고 추한 감정이므로 그것이 당신에게 읽혔다는 신호를 보내는 것만으로도 그들은 적지 않은 타격을 받게 되고, 앞으로 당신 앞에서 언행을 조심하게 될 것이다.

당신이 주변의 쓰레기 같은 말에 동요되지 않고, 묵묵히 자기발전을 해 나간다면 어느 순간 이상한 체험을 하게 될 것이다.

당신을 물어뜯고 깎아내리던 사람들이 갑자기 태도를 바꿔서 "나는 네가 성공할 줄 알았다."라는 말로 당신에게 접근하는 것이다.

에고(ego)의 힘겨루기는 원래 이런 것이다. 당신이 남들보다 조금 우월해지려고 하면 사람들은 당장 당신을 끌어내리려고 하겠지만, 당신이 더욱 성공해서 그들의 손이 닿기 어려운 높이에 이르게 되면 그들은 당신을 견제하기보다는 자신들의 에고(ego)를 당신의 것과 동일시함으로써 우월감을 확보하려는 전략을 취하게 된다. 이때 이들을 받아들일 것인지, 냉정하게 무시해버릴 것인지는 당신이 결정할 일이다.

용기 있는 사람, 내적 확신이 강한 사람들은 남들로부터 쏟아지는 질투심을 충분히 견뎌 낼 수 있는 사람이다.

불쾌한 사람은 피하라

불쾌한 것은 그것이 사물이든 사람이든 처음부터 피하는 것이 상책이다. 불쾌한 것은 겉보기에만 쓸모없어 보이는 진흙 속의 보물과는 다른 것이다.

사회에서 다양한 인간관계를 맺고 지내다 보면 명확한 논리적 근거는 없지만, 이상하게 멀리하고 싶은 사람들이 생기게 마련이다. 함께 있으면 기분이 가라앉는다거나, 의욕이 꺾인다거나, 자신의 가치가 낮아지는 것처럼 느껴지는 사람들이 있다. 이들과 함께 있으면 감정 소모가 심해진다. 그러한 사람들은 당신과 에너지가 맞지 않는 사람들이다. 그들과 가능한 멀어져라. 당신에게 불운이 감염되는 것을 사전에 차단하라.

특히 피해 의식이 강하고 시기심이 많은 사람과는 되도록 말도 섞지 말고 네트워크가 형성될 기회도 주지 마라. 그들은 자신들의 무기력함을 타인들에게 주입한다. 세상 사람들을 자신과 똑같은 사람으로 만드는 것이 이들의 목표이다. 그들은 당신이 하고자 하는 모든 일에 대해 사사건건 시비를 걸고 좋지 않은 기운을 퍼트릴 것이다. 당신의 부정적인 면을 확대 해석해서 당신의 의욕을 떨어트릴 것이다. 무엇인가가 될 이유보다는 안될 이유를 파고들 것이다. 당신이 결국 아무것도 이룰 수 없는 그저 평범한 사람에 불과하다는 사실을 알려 주기 위해 최선을 다할 것이다.

"불쾌한 사람이지만 사회생활이란 다 이런 것이니 참자."

"불쾌한 이야기지만 그냥 넘어가야지."

당신이 인내력 강한 사람임을 자처하면서 넘어가더라도 당신의 마음속 깊은 곳은 이미 분노로 점철되어 있다. 불쾌한 감정하나하나가 얼마나 당신의 일을 그르치고 시간을 낭비하게 만드는지 생각해 볼 일이다.

인간이 일을 처리하는 데 있어서는 지능만이 변수가 아니다.

인간은 이성뿐만 아니라 감정으로도 사고하고 학습한다. 감정이 뒤틀려 있으면 어느 것도 본래의 성과를 낼 수 없게 되어 있다.

창조적인 사람은 자신의 감정이 자신에게 얼마나 큰 영향을 미치는지 잘 알고 있기 때문에 그것들에 좌우되지 않도록 늘 주의를 기울이며 관리를 한다.

당신에게 부정적인 느낌을 주는 것, 의욕을 꺾는 것, 불쾌한 것들은 피하라. 할 수 있다면 사전에 차단하라.

사람들을 불편하게 만들지 않는다면
충분히 창조적이지 못한 것이다

누군가를 불편하게 만들지 않는다면 진정으로 세상을 흔들고 있는 것이 아니다.

– 데버러 콘래드

당신의 목표가 평범한 삶에 있다면 "결코 모두에게 사랑받을 수 없다."라는 말로 충분하다. 모두가 당신을 좋아할 수는 없지만 어쨌든 당신은 대부분의 사람들에게 미움을 받지 않고 평탄한 삶을 살 수 있으니까 말이다.

하지만 당신의 비전이 평범함에서 벗어나는 것, 세상을 놀라게 하는 것에 있다면 그 정도로는 부족하다. 지금보다 더 심한 욕을 먹을 수 있도록 노력해야 한다. 공감받기보다는 오해받는 사람이 되어야 한다. 가슴속에 위대한 목표를 품은 사람, 평범한 사람이 쉽게 할 수 없는 생각을 하는 사람, 위대한 성취를 욕망하는 사람은 반드시 주변 사람들로부터 비난을 듣게 된다. 특히 그 시도가 독창적이고, 앞서가는 것이고, 혁신적인 것일수록 더욱더 큰 비난을 듣게 된다.

창조적인 사람은 남다른 시선으로, 독창적인 방법으로 세계를 해석하고 그 독창성을 이 세상이 이해할 수 있는 방법으로 작품과 이론, 행위를 통해 대중에게 전달하는 존재다. 하지만 그 결과가 세상 밖으로 나와 객관적인 영향력을 발휘하기 전까지는 상당한 혼란이 동반되기 마련이다.

결국 아무에게도 비난을 받지 않고, 몰이해를 당해 보지 않는다는 것은 아무런 창조적 시도를 하지 않았다는 말과 같다.

만약 당신이 남과 다른 시도를 하기 때문에 조롱을 듣는 것이라면 그것을 매우 자랑스럽게 생각하라.

도발과 논란을 도입하라

어차피 모두를 만족시킬 수는 없다. 부처님, 예수님, 공자님. 인류가 기억하는 최고의 3대 성인도 현 인류 모두에게 인정받지는 못한다.

혁신은 기존의 통념을 넘어서는 일이다. 당연히 기존의 질서에 몸담고 있는 수많은 사람들의 심기를 불편하게 만들 것이다. 사람들을 불편하게 만들지 않는다면 충분히 창조적이지 못한 것이다.

혁신적인 아이디어일수록 반대의 목소리가 크다. 강렬한 부정적 반응이 무반응보다 낫다. 독창성이 없는 시도는 그 누구의 심기도 건드리지 못한다. 그렇기 때문에 그 누구에게도 기쁨을 주지 못한다.

당신의 작품은 천편일률적인 작품 사이에 섞여 잊히고 만다. 초기에서부터 모두를 만족시킬 수 있는 혁신은 존재하지 않는다. 창의력을 마음껏 발휘하려면 세상의 비난과 조롱에 맞설 배짱과 뻔뻔함은 선택이 아닌 필수다.

무명보다는 차라리 악명이 낫다

악명은 재평가의 여지라도 있지만, 무명은 아무것도 기대할 수 없다.

당신의 창의적인 아이디어가 세상의 주목을 받는 데에 실패했다면 고의로 도발적이고, 사람들의 신경을 거스르는 방법을 동원하는 것까지도 고려해 보아야 한다.

혁신가는 항상 안정적인 길만을 걸을 순 없다. 정말 극단의 상황에서 승부를 가려야 할 때는 기꺼이 벼랑 끝을 걸을 용기를 내야 한다.

에펠탑은 매년 전 세계에서 7백만 명의 방문객이 찾아오는 프랑스의 대표적 관광 명물이다. 하지만 오늘날 프랑스를 대표하는 건축물 에펠탑은 건축 계획에서부터 극렬한 반대와 비난에 시달려야 했다.

귀스타브 에펠은 300m짜리 격자디자인의 철골 구조물을 제안했지만, 사람들은 이 구조물이 파리의 미관을 심하게 해칠 것이라는 반응을 보였다. 심지어 에펠의 계획을 저지하기 위해 탑의 높이만큼 수를 맞춘 300인 위원회가 구성되었고 당시 프랑스 예술계를 주름잡던 인물들이 가담했다. 그들은 에펠이 구상한 구조물을 흉물스러운 고철 덩어리로 취급했다.

마돈나의 곡 〈라이크 어 버진(Like A Virgin)〉은 전 세계에서 2,000만 장 이상의 판매 기록을 세울 만큼 인기 있었지만 그만큼 많은 비난에 시달렸다. 해당 뮤직비디오가 건전한 결혼 생활의 가치를 파괴하고 간음을 조장한다는 것이다.

하지만 마돈나는 계속 새로운 스타일의 음악을 시도했다. 많은 이들이 그녀의 뮤직비디오와 퍼포먼스에 불평의 목소리를 냈지만 그 소란이 커질수록 그녀의 명성은 높아져만 갔다.

로이 리히텐슈타인은 원래 인정받는 추상화가였다. 그의 작품은 제법 잘 팔리는 편이었다. 이대로라면 그의 미래는 무난한 성공의 궤도로 진입할 수 있었다. 하지만 어느 날 아들이 보는 만화책에서 미키마우스를 보고는 큰 자극을 받게 된다.

아들에게서 "아빠는 이런 그림을 그리지 못할 거야."라는 말을 들은 그는 지금까지와는 완전 다른 방식으로 그림을 그리게 되었다. 크고 단순하며 알록달록하게 그림을 그렸다. 그가 지금까지 추구해 온 추상 미술과는 완전 상반된 그림이었기 때문에 비평가들은 경악했다. 그의 수많은 친구들은 물론 미술 애호가들 역시 그의 그림을 천박하다고 폄하했다.

하지만 리히텐슈타인은 더 과감한 행보를 보이면서 자신을 향한 모든 비판을 견뎌냈다. 결국 그의 작품은 아주 유명해져 버렸고, 그를 공격하던 예술계도 그를 인정할 수밖에 없었다. 그는 앤디 워홀과 함께 팝 아트의 선구자가 되어 만화를 순수 미술의 경지로 끌어올렸다는 평가를 받고 있다.

건강한 나르시시즘은 필요하다

여기에서 말하는 나르시시즘은 병리적 수준에 이르지 않은 건강한 자기애를 의미한다. 남들과 다른 가치를 추구하고, 훨씬 높은 수준의 비전을 갖는다면 건강한 나르시시즘은 필수적으로 구비해야 한다.

앞서 말했듯이 남과 다른 시도를 한다는 것, 창조적인 시도를 한다는 것은 그만큼 타인들의 눈에 띄기 쉬운 일이고 공격받을 가능성이 높은 일이다. 당신이 아무리 진실된 노력을 하고 나날이 발전한다고 해도 당신의 시도 속에서 조금이라도 실패의 가능성이 엿보인다면 사람들은 당신의 미래에 대해 부정적인 견해들을 쏟아낼 것이다. 인간은 자신보다 본래 우월했던 사람에 대해서는 질투심을 느끼지 않는다. 평소 자신과 동등한 위치에 있었다고 여겨지는 동료, 또래, 친구가 자신을 곧 추월할 것 같다는 느낌에 대해 더욱 강렬한 반응을 하는 법이다. 이들은 당신의 비전이나 시도들에 대해서 단순히 비난하는 것에 그치지 않고, 당신에게 좋지 않은 낙인을 찍는 등 정치적 행동을 통해 당신의 발전을 견제하려 들 수 있다. 그럴 때마다 당신은 이들의 시선에 휘둘리거나 위축될 것인가? 이들에게 다시 좋은 평판을 얻기 위해 당신의 행동 범위를 조절할 것인가?

당신이 이들에게 휘둘리는 순간 이들은 밑에서 당신을 더욱 뒤흔들 것이다. 그들은 결속력과 평판이라는 도구를 활용해 얼마든지 당신을 통제할 수 있다고 믿는다. 당신이 자신들에게 굴복했다고 생각할 것이다.

당신의 비전이 확고하고 실행력이 있다면 타인이 당신에 대해 어떠한 비난을 하든 흔들리지 말아야 한다. 감정적 동요를 하지 말아야 한다. 이것은 자기 자신에 대한 확고한 믿음이 없다면 불가능한 것이다.

남다른 시각과 도전으로 인해 주변으로부터 고립되고 비난을 듣는 것이라면 차라리 고상한 일이다. 스스로의 위대성에 대하여 확신을 가져야 한다.

　당신을 향한 질문에는 교묘한 함정과 전제가 숨어 있다는 것을 간파해야 한다. 대답을 잘하는 것은 중요하지 않다. 그 질문에 답변하는 것 자체가 질문의 전제를 인정하는 꼴이 되고 상대가 만들어 놓은 판에 휘말리게 되는 것이다.

전략상 먼 길로 돌아가야 할 때도 있다

기다릴 줄 아는 사람은 바라는 것을 가질 수 있다.

– 벤저민 프랭클린

악명이 무명보다 낫다고 하지만, 당신이 감당해야 할 사회적 비난이나 혼란이 수용 한도를 넘어설 경우 먼 길로 돌아가야 할 때도 있다. 창작자는 자신의 아이디어를 최대한 빨리 세상에 내놓으려 하지만 때로는 그것을 의도적으로 늦추기도 해야 하는 것이다.

1859년 《종의 기원》을 출간하여 세상을 발칵 뒤집어 놓은 찰스 다윈의 경우가 그렇다. 그는 이미 《종의 기원》을 완성해 놓고도 일부러 먼 길을 돌아서 갔다. 그의 진화론에 따르면 오늘날의 모든 생물은 아주 원시적인 생명체로부터 시작해 오랜 세월동안 자연 선택을 거쳐 지금의 다양성을 갖추게 된 것이다. 인간이라는 종(種) 역시 끊임없이 변화하고 번식에 성공하여 대자연에서 살아남은 수많은 생물종 중 하나에 불과함을 의미한다. 이러한 입장은 지금은 충분히 받아들여질 수 있는 것이지만 당시 신(神) 중심의 유럽 사회에서는 그렇지 못했다. 당시 사람들은 생명에는 엄연한 위계질서가 있으며, 피라미드 가장 상층부에는 신이 직접 창조한 인간이 존재한다고 굳게 믿고 있었다.

모든 종이 공동 조상으로부터 갈라져 나왔다는 그의 이론은 신(神) 중심주의에 대한 전면적 도전과도 같은 것이었다. 코페르니쿠스의 지동설이 우주의 중심에서 지구를 밀어냈다면 다윈의 진화론은 지구의 중심에서 인간을 밀어낸 것과 같다.

다윈은 자신의 이론이 사회적으로 얼마나 큰 파장을 초래할지 잘 알고 있었다. 그러한 이유로 《종의 기원》의 출간을 미룬 것이다.

혁신가는 이 세상의 반대를 무릅쓸 용기와 과감성을 필요로 하지만 그 반대의 정도가 자신의 사상을 파괴할 뿐만 아니라 묻히게 만들 지경이라면 적절한 때를 기다리는 전략을 취해야 한다. 시기가 너무 이를 경우 무자비한 공격의 대상이 될 수도 있고, 그 시대의 십자가에 못박혀 매달릴 수도 있다.

도발을 시도할 때는 그에 따르는 사회적 압력을 감당할 수 있는 여력이 있어야 한다. 보통 도발을 한다고 할 때는 자신의 입지가 아직 확고하지 않을 때, 대중적 인기가 없어서 세상의 이

목을 집중시키기 위한 필요가 있을 때이다. 자신에 대한 세상의 시선이 이미 집중되어 있고 극도로 민감해져 있을 때, 때 이른 도발은 당신의 작품을 이 세상에서 흔적도 없이 지워버릴 수도 있다.

해당 분야에서 당신만의 입지를 다지고, 당신의 주장에 반대할 부류와 찬성할 부류를 알아내고 포섭을 시도해야 한다. 당신의 주장에 대한 반박 불가능한 데이터를 충분히 축적해 놓아야 한다.

다윈은 자신의 주장에 찬성할 사람과 반대할 사람을 목록으로 정리해서 관리했다. 자신의 책이 출간되면 누가, 어떠한 형태로 공격을 해 올 것인지, 공격에 어떻게 대응할 것인지를 철저히 대비한 것이다. 《종의 기원》의 출간 당시 그는 자신의 지지자들을 많이 포섭해 둔 상태였으므로 반대하는 사람들의 공격에 제대로 대응할 수 있었다.

당신이 다소 급진적인 주장을 펼친다면 세상은 당신의 적이 될 것이다. 하지만 세상 전부를 당신의 적으로 돌릴 필요는 없다. 당신 혼자만의 힘으로 맞설 필요도 없다.

당신과 뜻을 같이할 사람들을 포섭하고 네트워크를 구축하라. 그리고 때를 기다려라.

함부로 배수진을 치지 마라

한 분야에서 창시자가 되려면 자신이 창시자가 되려는 그 분야를 제외한
다른 모든 분야에서는 감정적, 사회적으로 안정된 사람이 되어야 한다.
– 에드윈 랜드

미지의 길을 간다고 해서 세상의 모든 위험을 감내할 필요는 없다. 창조성을 발휘한다고 해서 모든 것에 반항적이어야 하는 것은 아니다.

'배수진을 치고 도전하라'는 구호는 수많은 자기계발서에 난무한다. 하지만 필자는 '용기'나 '열정'을 명분으로 다니던 직장을 그만두라거나 모든 자원을 한곳에 투입하라는 자기계발서는 위험하다고 생각한다. 자기계발서는 독자 한 명 한 명을 생각하고 쓴 책이 아니다. 저자는 다수의 독자들을 염두에 두고 글을 써 내려간다. 독자 개개인이 어떠한 목표를 가지고 있는지 어떠한 상황에 놓여 있는지 알 수 없다. 그렇기에 사회적으로는 올바를 수 있지만, 개인에게는 위험을 초래할 수 있는 말들을 쉽게 내뱉을 수 있다. 도전과 용기를 최고의 가치로 떠받드는 것까지는 좋다. 하지만 독자들에게 배수진을 치라는 등의 책임질 수 없는 말을 함부로 해서는 안 된다고 생각한다.

물론 창조적인 사람이 되기 위해서는 용기가 필요하고 때로는 무모함도 필요하다. 하지만 무작정 위험을 감수하는 것은 '용기'가 아니라 '투기' 또는 '객기'라는 말이 더 적합할 것이다. 창조적 천재들이 혁신을 이루고자 여러 가지 위험을 감내한 것은 사실이지만 그들이 무턱대고 위험에 자신을 노출시킨 것은 아니었다. 오히려 자신이 혁신을 이루고자 하는 분야 외에 다른 삶의 부분들이 안정되어 있을 때 독창성이 더 잘 발현되는 경우가 많았다.

이 세상의 무엇인가를 변화시키겠다고 마음먹었다면 자신이 정말 희망하는 한 분야에서 위험을 감수하되, 다른 분야들에 대해서는 관행을 존중하며 신중하게 처신하는 것이 필요하다. 독창성의 천재들이나 혁신가들을 보면 이들이 처음부터 모든 것들에 대해 도전적인 것은 아니었다는 것을 알 수 있다. 자신이 연구하는 분야와 혁신을 이루려는 분야에 대해서만 도전적이었다.

아인슈타인은 특허청 공무원으로 근무하면서 약 6개월에 걸쳐서 5개의 논문을 발표하며 세상을 바꾸었다. 그에게는 학문적 이상도 중요했지만, 가족을 부양할 의무도 있었다. 이것은 매우 현실적인 문제였다. 그래서 그는 직장에 다니면서 퇴근 후

남는 시간을 활용해 논문을 작성했다. 20세기 최고의 두뇌라는 아인슈타인 역시 독창성을 발휘하기 위해서는 안정적인 삶의 토대가 필요했다. 1976년 스티브 잡스와 회사를 공동 창업한 스티브 워즈니악은 휴렛 팩커드라는 본래 직장을 그만두지 않고 1년간 고용상태를 유지했다.

스릴러의 대가 스티븐 킹은 작가 생활을 하면서도 수년간 학교, 주유소에서 근무했다. 이베이를 창업한 피에르 오미디아는 창업 후에도 계속 프로그래머로 일했고, 부수입이 월급보다 많아지고 나서야 직장을 그만두었다. 나이키 창업자인 필 나이트는 1964년 운동화 세일즈를 시작했지만, 5년간 회계사로서의 일을 그만두지 않았다.

창조적 천재들은 기존 질서에 의문을 제기하고 이 세상에 도전장을 내던지기 때문에 굉장히 대담하고 자신만만해 보인다. 하지만 이들의 당당하고 강철 같은 겉모습을 살짝 들추어 보면 그들 역시 실패에 대한 두려움에 시달린다는 것을 알 수 있다.

본업이 있다고 창업에서 최고의 기량을 발휘하는 데 방해가 되지 않으며 오히려 한 분야에서 안정감을 확보하면 다른 분야에서는 더 자유롭게 독창성을 발휘할 수 있다. 경제적으로 안정되면 중압감에서 벗어나 사고가 자유로워지고 퀄리티 있는 작품을 만들 수 있다.

운이 성공에 미치는 영향도 무시할 수는 없다. 오히려 타고난 재능이 다소 부족한 사람이라도 운이 매우 좋은 사람은 자신의 재능을 극도로 발휘하지 않고도 원하는 것을 쉽게 손에 넣을 수 있다. 하지만 운이라는 것은 인간이 예측할 수 없는 것이다. 어제까지 건강했던 사람이 하루아침에 운명을 달리할 수도 있고, 불운한 인생을 살던 사람 앞에 생각지도 못한 조력자가 나타나 성공가도를 달리게 되는 수도 있다. 운은 예측할 수 없는 것이기에 우리는 단지 그 운이라는 것이 우리에게 왔을 때 담을 수 있는 그릇을 준비하는 일을 할 수 있을 뿐이다.

운을 맞이할 경우와 그렇지 못할 경우를 모두 고려해 포트폴리오를 꾸려야 한다. 한곳은 고위험에 투자하고 다른 곳은 안전한 곳에 투자하여 자신을 보호할 줄 알아야 한다.

만약 당신이 작가가 되고자 한다면 직장을 그만둘 필요가 없다. 개개인의 재능과 환경적 조건에 따라 차이가 있을 수 있지만, 직장을 다니면서도 1년에 책 한두 권 정도는 충분히 쓸 수 있다. 직장 생활과 당신의 목표를 별개의 것으로 간주할 필요가 없다. 직장에는 수많은 인간 군상이 존재하므로 인간에 대한 풍부한 경험을 쌓을 수 있으며, 이는 작품 세계에 반영할 훌륭한 재료가 되기도 한다. 당신의 목표가 사업이든 대학원에 진학하여 학위를 취득하는 것이든 마찬가지다. 전혀 관련이 없어 보이는 것들 사이에서 공통분모를 찾아내고 이미 주어진 환경 속에서도 남들이 발견하지 못한 새로운 가치를 만들어 내는 것이 바로 창조성이다.

계급을 초월하라

성공하기를 원하는가? 그렇다면 이미 개척해 놓은 성공의 길이 아니라
그 누구도 가지 않는 새로운 길을 개척해야만 한다.

— 로드 파머스턴

　계급을 초월하라는 말은 언뜻 반항적이 되라는 극단적인 표
현으로 들릴 수 있다. 가난하지만 자유로운 삶을 사는 게 낫다
는 정신 승리로 들릴 수도 있다. 하지만 계급을 초월한다는 것
은 그것에 대한 무조건적인 저항이나 정신 승리를 의미하지 않
는다. 매우 강력하고 현실에서 발휘될 수 있는 방법론이며, 정
치적 이념의 대립을 넘어서는 것이다.

　법적으로 모든 인간은 평등하다. 하지만 현실 사회에서 역시
그러한가?

　과거의 신분제는 혁명을 통해 사라졌지만, 자본주의는 부(富)
를 기준으로 인간을 다시 상류층, 중류층, 하류층으로 분류하기

시작했다. 돈이 많은 부모를 만나면 그 자식도 상류층이 되는 것이고, 부모가 가난하면 그 자식은 아무리 노력해도 상류층이 되는 데 한계가 있는 것이다. 금수저, 흙수저라는 신조어는 과거 신분제 사회의 질서가 아직까지도 적용되고 있음을 시사한다.

유럽 봉건 귀족 사회나 우리 역사의 신분제 사회는 태어나면서부터 인간의 지위가 정해져 있는 사회다. 부모가 귀족이고 양반이면 자식도 귀족이고 양반이 되는 것이다. 평민으로 태어난 이상 제아무리 뛰어난 실력을 갖추고 노력을 하더라도 결코 뛰어넘을 수 없는 벽이 존재했다.

금수저, 흙수저라는 단어는 오늘날에도 사회적으로 상, 중, 하가 있다는 계급 중심적 사고방식을 반영한다. 과거의 신분제적 사고방식과 본질적으로 다르지 않다.

우리는 이 계급이라는 것을 어떻게 극복할 것인가? 과거처럼 상류층을 모두 단두대에 매달고 처형할 것인가? 그들의 부를 강제로 몰수해서 n분의 1로 나눌 것인가? 아니면 상류층에 들기 위해 닥치고 노력할 것인가?

과거의 과격한 혁명 방식은 오늘날의 시대에는 맞지 않는다. 그리고 무작정 저 높은 곳을 향해 불나방처럼 뛰어드는 것은 또 다른 문제를 양산한다. 저 높은 곳에 대한 환상은 우리의 모든 신경을 우리의 본질이 아닌 저 높은 곳에 집중하도록 만든다. 자신의 본질을 내던져 놓고 출세하기에 손쉬운 직업을 가지고

자 노력하게 된다.

그래서 필자가 제안하는 혁명은 개개인의 내면으로부터 시작하는 혁명이다. 법에는 만민이 평등하다고 명시되어 있지만, 사회의 현실은 당신에게 계급을 부여했다. 계급에 대한 진정한 복수는 상류층이 되고자 불나방처럼 뛰어드는 것이 아니라 계급에 대한 무시와 '나'에 대한 집중에 있다.

계급을 무시하라. 그리고 '나'에게 집중하라. 이것이 혁명의 시작이다.

사람마다 자신이 추구하는 가치가 있다. 위의 세계로 올라가려는 집착은 잠시 접어 두고, 당신이 진정으로 전율을 느끼는 일이 무엇인지에 대해 생각하라.

세상이 좋다고 하는 일이 아닌 당신이 좋아하는 일은 무엇인가. 세상이 바람직하다고 하는 일이 아닌 당신이 바라는 일은 무엇인가. 그것을 당신의 직업으로 삼아라.

물론 우리는 좋아하는 일만 하며 살 수는 없다. 자신이 좋아하는 일을 직업으로 삼는 데 실패할 수도 있고, 애초부터 그러한 직업이 세상에 존재하지 않을 수도 있다. 우리나라 직장인 가운데 60~70%는 직업을 단지 경제적 수단으로만 여기고 있다. 일 자체에서 흥미와 보람을 느끼는 경우는 찾아보기 힘들다. 어쨌든 돈을 벌어야 먹고사는 문제가 해결되기에 직장에 다니는 것이다. 일이 따분하거나 힘들어도 어느 순간부터 그냥 그런대로 적응하는 것이다.

하지만 이 정도 반응은 그나마 긍정적인 편에 속한다. 자신의 직장생활을 지옥이나 전쟁터에 비유하는 사람들도 적지 않기 때문이다. 1주일 중 5일을 생계 때문에 어쩔 수 없이 직장에 출근해야 한다면 30년 직장생활에서 20년은 스트레스로 채워진다는 것과 같다.

그렇다면 우리는 어떻게 할 것인가?

필자가 제시하는 방법은 '하면서 한다'라는 방법론이다. 낮에는 현실적인 생계 수단으로서 급여를 받는 직장을 다녀라. 고용 안정성이 높고 생계를 유지하기에 무리가 없는 직장일수록 좋다. 낮에는 영혼 없는 노동력을 제공해서 돈을 벌어라. 급여에 해당하는 노동력을 제공하라. 밥값은 하라.

흔히들 일과 놀이를 분리해서 생각하지 말라는 논리를 펼치는데, 필자는 억지로 그럴 필요는 없다고 생각한다. 당신이 성취를 이룰 분야가 명백하게 직장 외부에 존재한다면 그것을 추구하라. 아무리 둘을 섞어도 일은 일이고, 놀이는 놀이다. 하기 싫은 것과 즐거운 것이 같을 수는 없다. 당신이 싫어하는 일에 억지로 흥미를 부여할 수는 없다. 물론 당신이 창작 행위를 할 때, 하기 싫은 일에서도 분명 영감을 얻게 되는 경우가 있겠지만 일은 딱 그 정도의 의미가 있을 뿐이다. 당신이 성취를 이루려는 분야에 영감을 줄 만한 요소들은 없는지 눈을 크게 뜨고 바라보려는 태도만 있으면 된다.

당신의 진짜 쾌락은 퇴근 후 저녁에, 평일이 아닌 주말에 시작된다. 직업으로 삼지 못한 당신의 쾌락을 추구하라. 작가가 되고 싶은가? 글을 쓰고 책을 출간하라. 화가가 되고 싶은가? 책과 강연을 통해 그리는 법을 배우고 실력을 길러라. 관심 있는 다른 분야가 있는가? 그것을 깊이 파고들어라. 그리고 당신만의 콘텐츠를 세상에 알려라. 인터넷 공간에 업로드하라.

필자의 말이 지나치게 이상적으로 들리는가? 너무나 비현실적인가? "가난하지만 나는 행복해."라는 정신적 위안을 삼으며 살라는 것처럼 보이는가?

결코 그렇지 않다. 우리는 적절한 현실적 기반을 운용하면서도 꿈을 좇을 수 있다. 오히려 자기 행복에 집중했을 때 큰돈과 명성이 따라온다.

당신이 이 자본주의 사회에서 기존의 고정관념대로 떼돈을 벌 수 있는 방법은 무엇인가? 별로 흥미를 느낄 수 없는 일에 자기 자신을 희생해 가며 충성을 다하면 조금 다른 인생을 살 수 있을 것 같은가? 다 같은 월급쟁이인데, '누가 좀 더 직책이 높으냐', '누가 좀 더 많은 급여를 받느냐' 정도의 차이가 있을 뿐이다. 그 조그만 차이를 메우기 위해 자기 본연의 행복을 등한시하는 것은 등가교환이 아니라 상당히 많은 부분을 손해 보는 거래일 뿐이다. 앞으로 우리가 맞이할 시대는 그저 주어진 일에만 성실한 사람들이 아니라 내적 탐구를 통해 진정한 자신의 가치를 발견하고 창조성을 발휘하는 사람들이 가장 높은 생산성을 내는 시대다. 계급에 의존하지 말고 직접 당신의 가치를 창조하라. 더욱이 이제는 열심히 노력해도 승진이 되지 않는 시대이고 직장이 한 개인의 인생을 평생 보장해 주는 시대도 아니다.

지금은 4차 산업 혁명 시대다. 이는 곧 어떠한 가치를 창출해내기 위해 막대한 인프라나 자본이 필요했던 과거 시대와의 단절을 의미한다.

유통비용이 획기적으로 감소했고, 물리적인 점포나 사무실도 과거보다 필요하지 않게 되었다. 자기가 진실로 흥미를 느끼는 것에 집중하고, 파고들고, 자신만의 콘텐츠를 만들고, 그것을 인터넷 공간에 업로드하여 경제적 자유를 얻는 사람들이 등장했다. 사업의 형태가 매우 다양해졌다.

오직 당신의 쾌락에 집중하라

계급에 집중하지 말고 내면에 집중하면 오히려 당신은 서로 물고 뜯으며 경쟁하는 비슷비슷한 사람들 사이에서 차별화된 특별한 사람이 되고, 그 특별함의 결과물로 돈과 명성이 따라올 것이다. 기존 고정관념대로 돈을 버는 것보다 더욱더 많은 기회를 얻게 될 것이다. 이것이 '계급'에 복수하는 방법이다.

여러분이 이렇게 나오면 직장의 상사들은 적잖게 당황할 것이 분명하다. 왜냐하면 그들은 조직 내에서 상(上)이 되기 위해 노력하는 것을 인생의 최대 목표로 알고 살아왔기 때문이다.

그들은 당신에게 이런 말을 하고 싶었을 것이다.

"너도 노력하면 나처럼 조직 내에서 높은 자리에 오를 수 있다. 그러니 너도 위로 올라갈 수 있다는 야망을 품고 영혼을 갈아 넣어 일하라. 너 자신을 최대한 조직에 끼워 맞춰라."

조직은, 조직의 상급자들은 당신의 시야를 조직 내부로만 좁히려고 노력할 것이다. 그래야만 그 조직의 부가 증대되고 직원들을 통제하기가 쉬워지기 때문이다. 당신이 계급에 집착하면 집착할수록 조직의 상(上)들은 당신을 쥐고 흔들며 통제하기 쉬워진다. 그저 좁고 높은 곳을 바라보는 당신의 인생은 그들에게 달려 있기 때문이다.

필자는 그들이 마치 당신에 대한 가해자인 것처럼 묘사했지만, 그들 역시 계급의 피해자다. 계급 논리에 갇혀서 자기 자신을 철저히 잃어버리고 살아온 사람들이다. 대한민국의 고도성장에 그들의 헌신이 깃들어 있는 것은 분명하지만, 그동안 숨죽이고 희생해 온 각 개인들은 불행했다. 그리고 그런 불행한 삶에서 벗어나고자 오늘날의 수많은 개인들은 내면의 참된 자아를 찾아 여정을 떠나기 시작했다.

당신이 정당한 노동력을 제공하면서도 계급에 별로 관심이 없을 뿐만 아니라 남는 시간과 비용을 자신만의 행복을 실현시키는 것에만 집중시키면 그들은 당신에 대한 통제력을 상실한다. 자신이 최고로 알고 걸어왔던 길과 정반대로 행동하면서도 매우 행복해하는 당신을 바라보며 큰 충격에 빠지게 된다. 당신에 대한 그들의 시선이 거꾸로 변하게 된다. 그들은 다시 자기 자신에게도 본질적인 질문을 할 것이다. 그리고 그들 역시 자신의 본질을 찾아 떠나게 될 것이다.

예측할 수 없는 인물이 되어라

사람들은 미스터리를 사랑한다.
그것이 사람들이 내 작품을 좋아하는 이유다.

– 살바도르 달리

특정한 시간에, 자극에 따라 움직이는 로봇이 있다고 가정해
보자. 그 로봇에게 자유가 있다고 할 수 있는가?

오직 다르게 행동할 가능성이 있는 존재만이 자유로운 존재
일 수 있다. 예측 가능하다는 것은 다른 선택지가 없음을 의미
하고 그것은 곧 자유가 없음을 의미한다.

인간은 누구나 권력을 가지고 싶어 하고 타인을 통제하고 싶
어 한다. 바꿔 말하면 인간은 자기 앞에 서 있는 동료, 친구, 후
배가 모두 예측 가능한 인간이길 원한다고 말할 수 있다. 예측
불가능한 인간은 통제할 수 없기 때문이다. 사람은 언제나 예측
가능한 것에서 편안함을 느낀다.

타인을 범주화, 유형화하여 예측하려 드는 것은 타인의 자유를 무의식적으로 억압하려는 행위다. 타인을 예측하려 시도하는 것은 타인을 효과적으로 통제하겠다는 말과 일맥상통한다. 그래서 예측 가능한 인간은 권력 관계에서 을이 되고, 예측 불가능한 인간은 갑이 된다. 더 정확히 말하면 자신은 예측 불가능하면서, 타인은 예측하는 인간이 가장 무서운 인간이다.

창조성을 추구하는 당신은 다른 사람들의 통제로부터 벗어나 자유롭게 공부하고 사색하는 혼자만의 시간이 필요하다. 타인의 권력욕, 통제욕으로부터 당신 스스로의 자유를 지켜내려면 예측 불가능한 영역을 확보해야만 한다. 타인이 예측할 수 없는 범위까지가 당신의 자유다.

일관성 가운데 변칙을 도입하여 운용하고, 애매함과 모순을 활용하는 것이야말로 다양한 인간 군상으로부터 자유를 지켜내는 최고의 방법이다. 예측 불가능성은 그 자체로 권력의 근원이 될 수 있다. 상대방은 당신에게서 이상한 불안감을 느낄 때, 당신이라는 인간이 쉽게 유형화되지 않을 때 당신을 함부로 대하지 못하게 되어 있다.

우리는 자존감을 뛰어넘어 존재감 있는 사람이 되어야 한다. 자존감이라는 것은 자기 내적 영역에 머물러 있는 단계에 불과하다. 하지만 존재감은 자신의 고유성을 외부 영역에까지 확장시켜 인간관계에서 영향력을 행사하는 것과 관련이 있다.

당신의 정체성은 오직 당신의 것이다. 그 원형을 변질시킬 필요는 없다.

하지만 이 험난한 세상에서 살아남기 위해서는 표면의 정체성에 관심을 기울이고 그것을 점검할 줄 아는 지혜도 필요하다. 당신이 너무 뻔한 사람이면 처음엔 당신을 순수하고 솔직한 사람으로 보고 다가올 것이다. 당신은 사교적인 사람으로서 여러 사람과 쉽게 어울릴 수 있을 것이다. 하지만 시간이 지날수록 사람들은 무의식적으로 당신을 무시하기 시작할 것이다. 당신이 좋아하는 것, 싫어하는 것, 당신의 과거 상처나 콤플렉스 등에 대해 상대방이 너무나 많이 알게 되면 당신은 너무 뻔히 읽히는 우스운 존재가 된다. 더구나 이 세상은 절대 순수한 사람들로만 구성되어 있지가 않다. 음흉한 사람들은 당신을 마음대로 통제하려 들 것이다.

그래서 당신은 당신의 말과 행동에 애매함과 변칙을 도입할 필요가 있다. 가끔은 일관성에서 벗어나는 행동을 하라. 당신이라는 사람을 하나의 유형이나 범주로 분류하기 어렵게 만들어라.

사회적으로 성공한 사람들은 이미 이러한 역학관계를 꿰뚫고 있다. 그들은 언론의 주목을 받기도 쉽고 자신의 사상이 널리 알려져 있기 때문에 대중들로부터 자신의 정체성을 보호할 필요를 느낀다. 그래서 그들은 자신들에 대한 부정확한 정보를 고의로 언론에 흘리기도 하고, (비난의 대상이 되지 않는 적정 범위 내에서) 일부러 이해할 수 없는 행동으로 화제의 대상이 되기도 한다. 하지만 대중은 그들의 모호하고 일관성 없는 모습을 비난하기는커녕 신비한 매력으로 느끼고 열광한다.

이들은 자신의 본모습을 너무 있는 그대로 보여 줘서는 안 된다는 사실을 잘 알고 있기에, 고의로 자신의 작품에 난해함과 애매성을 불어넣는다. 공식 석상에 자신의 모습을 비추는 것을 제한하며, 앨범의 발매 시기를 일부러 늦추기도 한다.

독일의 철학자 니체의 작품은 난해하기로 유명하다. 니체의 사상은 난해한 요소가 많으며, 니체의 사상을 설명하는 데 있어 학자들의 견해가 엇갈리기도 한다. 니체가 이런 평을 듣게 된 것은 그의 글쓰기 스타일, 엄청난 분량의 작품, 독자들에게 쉽게 이해되지 않으려는 그의 의도가 종합적으로 작용한 것이다. 하지만 학자와 대중들은 이러한 니체의 모순된 모습에 신비한 매력을 느끼고 열광한다.

이처럼 대중은 지루한 진실보다 이해할 수 없는 판타지에 매력을 느낀다. 사람들이 당신의 모호성을 두고 판타지를 펼칠 수 있는 여지를 제공하라.

물론 당신이 어떠한 아디이어를 가지고 있고 그것으로 의사 결정권자들을 설득해야 하는 상황에 처해 있다면 당신은 아이디어를 단순화하여 사람들이 수용할 수 있는 형태로 임팩트 있게 전달해야 한다. 당신은 기본적으로 일관성 있는 사람이고, 고유하고 체계적인 사상을 지닌 사람이며, 타인을 설득하는 데 능숙한 사람이어야 한다. 예측 불가능한 인물이 되라는 것을 구제 불가능한 다중인격자가 되라는 의미로 받아들여서는 곤란하다. 구체적인 상황에 따라 규칙과 변칙을 적절히 도입하여 운용해야 한다.

평범한 사람으로 보이지 마라

사냥꾼도 세상을 두려워하는 순간
토끼에게조차 업신여김을 당할 것이다.

– 프리드리히 니체

평범한 사람은 쉬운 사람이다. 쉬운 사람은 언제나 자신을 주
변의 환경에 맞춘다. 사람들의 눈 밖에 나고 미움받으면 인생의
낙오자가 될까 봐 잔뜩 겁을 먹는다. 때문에 자신을 억누르고
희생해서라도 다른 사람들의 비위를 맞춘다. 사람들은 쉬운 사
람에게 친절하고 겸손한 사람이라는 칭찬을 건네지만, 그것은
칭찬을 빙자한 경멸이다. 당신 스스로를 억압하고 남의 눈치를
보면 상대방도 딱 그 수준으로 당신을 대하게 되어 있다. 스스
로를 변명하려 들고 보호하려 드는 행동은 피해 의식에서 비롯
되는 행동으로 사람들은 당신을 더 우습게 볼 것이다. 고개를
숙여서 당신이 그들로부터 얻을 수 있는 것은 무시와 경멸뿐이

다. 그들은 당신이 앞으로도 계속 친절하고 겸손한 사람이 될 것을 강요할 것이다. 평범한 사람은 쉬운 사람이고, 쉬운 사람은 언제나 무시당할 여지가 있는 사람이다. 인간은 어려운 사람보다 쉬운 사람을 배신할 때 덜 망설인다. 쉬운 사람에게는 매력이 없고, 도움을 받아도 별로 고마운 느낌이 들지 않는다.

사람들이 남다르게 행동하는 사람을 비난하는 이유는 그들의 인성에 실제로 문제가 있어서라기보다는 그들이 자신들의 통제범위를 벗어나는 것이 두렵기 때문이다. 그것은 비난하는 사람들이 더 잘 알고 있다. 겉으로는 이들이 오만하다고 욕하지만, 속으로는 그들을 절대 우습게 봐선 안 될 것이라는 생각을 한다. 자신만의 판단 기준에 따라 움직이는 사람은 누가 뭐라고 하든 세상을 자신만의 방식으로 바라보고 해석하는 사람이기 때문에 그 누구든 함부로 통제하려 들지 못하게 되어 있다.

착한 사람에서 벗어나라. 부탁을 쉽게 들어주는 사람이 되지 마라. 부당한 것을 거부하라. 당신이라는 인물을 통념에서 어긋나는 것, 약간 위험한 것, 진보적인 것과 연결 지어라. 사람들이 당신에게서 그런 것들을 연상하게 만들어라. 평범한 보통 사람들과 뚜렷한 대조를 이루게 하라. 때로는 그들의 도움 없이도 홀로 잘 지낼 수 있다는 인상을 풍겨라. 절대로 자기 자신을 보호하려는 사족을 붙이거나 변명하려고 들지 마라. 다른 사람의 공격에도 흥분하는 모습을 보이지 말고 냉정하게 대응하고 당신들의 존재가 나에게는 별 의미가 없다는 듯이 반응하라. 당신의 존재감은 역으로 상승한다.

부정적인 정보에 당신의 강점을 융합하라

가장 중요한 것은 당신의 강점을 살려서 포장하는 것이다. 특별한 사람으로 자신을 포장하기 위해서는 그것을 뒷받침할 실력이 있어야 한다.

누가 당신에 대해 좋지 않은 이야기를 퍼뜨리고 있는가? 그렇다면 그 사람을 역이용하라. 조금 이상하다는 말을 들어도 좋다. 인간은 언제나 긍정적인 정보보다 부정적인 정보, 자극적인 정보에 민감하게 반응하도록 설계되어 있다. 인간은 누구나 다른 사람의 은밀한 비밀을 알고 싶어 하는 관음증이 있다. 그 부정적인 정보에 당신의 강점을 융합하라. 당신이 잘하는 것은 무엇인가? 남보다 월등한 재능이 있는가? 그 강점을 부정적인 정보에 결합시켜라. 그것을 의도적으로 흘리고, 퍼지게 하라. 그러면 당신의 강점은 실제보다 더욱 빛나고 대단해 보일 것이다. 왜냐하면 특별한 사람은 언제나 보통 사람에서 제외되며, 보편적 통념에서 예외이기 때문이다. 부정적인 정보에 적절히 결합된 당신의 강점은 당신을 실재보다 더욱 비범한 사람으로 보이게 만들 것이다.

이 세상에 이름을 남긴 위대한 인물들은 하나같이 보통 사람에서 제외된 사람들이다. 성공한 소수는 언제나 보통 사람들과는 전혀 다른 길을 간다.

창조성이 비범한 인물들은 보통 사람들이 전혀 이해하지 못하는 것들, 간과하고 지나치는 수많은 것들에서 의미를 찾아내고 남다른 결과물을 창조해 낸다. 이들은 하나같이 주변 사람들을 혼란스럽게 만드는 특성을 가지고 있다. 하지만 세상은 이들의 당당함에 결국 고개를 숙인다.

궁극적 자유는 당신 존재의 독보성에 있다. 논쟁의 여지 없이 보통 사람에서 제외된 사람이 되어라. 최소한 그러한 사람으로 보이도록 노력하라. 다른 사람들의 시선을 별로 의식하지 않는다는 듯이 당신의 고유성을 당당하게 드러내라. 그렇지 않으면 평생 남의 눈치나 보고 누군가에 얽매이는 삶을 살아야 한다. 당신이 억지로 다니고 있는 직장에 밥줄을 지켜 달라고 구걸해야 한다. 직급이 올라도 회사와 고객의 노예로 남을 뿐이다.

왕 대접을 받아
마땅한 것처럼 행동하라

모든 사람들은 자신의 방식에 따라 왕처럼 행동해야 한다.
실제로는 왕이 아닐지라도 모든 행동이 왕의 면모를 지니게 하라.
행동은 고상하게 하고, 뜻은 높게 품어라.
실제로는 왕이 아닐지라도 모든 거동 속에
당신이 왕 대접을 받을 자격이 있다는 것을 드러내라.

– 발타사르 그라시안

당신은 이 세상이 당신을 대하는 방법을 가르쳐 줘야 한다. 이 세상은 당신이 자기 자신을 대하는 만큼만 대우해 준다.

탁월한 실력가들은 자기 자신에 대한 마케팅이 얼마나 중요한지를 알고 있다. 뛰어난 사람들 대부분은 90점~100점 사이에 몰려 있다. 비슷한 실력을 갖춘 사람들끼리의 경쟁에서의 승패는 마케팅에서 결정나는 것이다. 자신을 좀 더 그럴싸하고 우월하고 특별하며 고상하고 위대하게 보일 수 있도록 포장할 줄도 알아야 하는 것이다. '실력만 키우면 언젠가는 세상이 알아봐 주겠지.' 하는 안일한 생각은 고생은 고생대로 다 하고 별 실익도 없이 당신을 더욱 도태되게 만들 뿐이다.

당신이 특별한 대접을 받아 마땅한 것처럼 행동하면
그것만으로도 사람들은 당신의 당당한 요구에는
필시 합리적인 근거가 있을 것이라 판단하고
당신을 그 수준에 맞게 대우할 것이다.

당신의 가치는 근본적으로 실력이 좌우하지만, 일정한 실력을 갖춘 상태에서의 승부는 마케팅에서 결정이 난다.

왕관 전략이란 우리가 위대한 일을 할 운명이라고 스스로 믿으면 그러한 믿음이 바깥으로 발산된다는 것이다. 왕관을 쓰면 왕 주위에 아우라가 생기는 것과 같은 이치다. 밖으로 발산되는 그 기운은 주위 사람들을 감염시키고, 그들은 우리가 그토록 자신감 넘치는 데는 필경 이유가 있을 거라 생각한다. 왕관을 쓴 사람들은 아무 거리낌 없이 무엇이든 요구하고, 또 무엇이든 이룰 수 있는 것처럼 보인다. 이런 생각 역시 밖으로 발산되어 나온다. 그러면서 제약과 한계는 사라진다. 왕관의 전략을 한번 활용해 보라. 그러면 그 결실을 보고 놀라게 될 것이다.

- 로버트 그린 《권력의 법칙》

대부분의 사람들은 아메리카 대륙을 발견한 콜럼버스를 귀족 출신이라고 생각하지만, 그의 아버지는 가난한 직조공에 불과했다. 천민 출신임에도 콜럼버스는 어떻게 자신의 이미지를 귀족화할 수 있었을까?

콜럼버스는 항해를 떠나기 위해 막대한 재정적 지원이 필요하자, 포르투갈의 주앙 2세에게 다음과 같이 무리하고 대담한 요구를 하며 자금 지원을 요청했다.

- 자신을 탐험대의 해군 제독으로 임명할 것
- 새로 발견되는 육지와 바다에서 자신을 총독으로 임명할 것
- 자신이 발견하거나 얻은 모든 금은보화로부터 생기는 수익의 10%를 지급할 것
- 자신에게 부여될 모든 권리와 명예가 자손 대대로 세습되게 할 것

    콜럼버스의 무리한 요구는 주앙 2세의 거절로 이어졌지만, 사실 콜럼버스에게는 왕의 승낙 여부와 상관없이 대담한 요구를 한 것 자체가 남는 장사였다. 그는 무리한 요구를 함으로써 자신이 그러한 요구를 할 자격이 있는 레벨이라는 인식을 사회적으로 심어줄 수 있었다. 그 무리한 요구가 있고 나서부터 그에 대한 인식은 매우 달라지기 시작했다. 마침내 그는 에스파냐 카스티야 여왕 이사벨라 1세로부터 요구 조건을 얻어내고 막대한 항해 자금을 지원받게 된다.

    콜럼버스는 대담한 모험가이면서도 자신의 이미지를 자기 의도대로 구축하고 그것을 사람들의 인식체계로 들여보내는 능력이 탁월했다.

    그는 자신이 천민 출신이라고 해서 스스로 낮추고 겸손하게 행동하지 않았다. 반대로 귀족처럼 당당하게 행동하고 대담한 요구를 했다. 그 행동이 너무나 자연스러웠기 때문에 귀족들은 천민인 그의 양심을 비난하기는커녕 동질감을 느끼고 같은 귀족처럼 대우했다.

당신도 콜럼버스처럼 스스로 대접받아 마땅한 인물인 것처럼 행동할 필요가 있다. 그러면 당신이 요구한 것에 걸맞은 대접이 돌아올 것이다.

인간의 사고 체계는 냉정하고 합리적인 것 같으면서도 대단히 허술하다. 어느 한 개인이 자신의 수준을 넘어서는 무리한 요구를 해 오면 처음엔 대충 비웃고 넘기지만, 시간이 지날수록 다른 부수적인 정보는 망각되고, '무리한 요구 조건'과 '그 무리한 요구를 한 사람', 이 두 이미지만 머릿속에 생생하게 남게 된다.

그리고 무의식적으로 그 둘을 대등한 급(級)으로 혼동하게 된다. 사람들 사이에서 그에 대한 이야기가 많이 회자될수록 그 사람에 대한 인식은 그 수준으로 높아지게 되어 있다.

당신이 특별한 대접을 받아 마땅한 것처럼 행동하면 그것만으로도 사람들은 당신의 당당한 요구에는 필시 합리적인 근거가 있을 것이라 판단하고 당신을 그 수준에 맞게 대우할 것이다. 자신이 특별한 존재라고 생각하는 것 자체가 하나의 특별함일 수 있다.

왕 대접을 받을 자격이 있는 것처럼 행동하는 것은 자신의 정체성에 부합하는 대우와 보상을 이 세상에 당당하게 요구하는 것과 관련이 있다.

자존감을 넘어 존재감을 형성하려면 자신을 마케팅할 수 있는 능력은 필수다. 이는 자신의 본질은 내팽개치고 외형적 껍데기에만 집착하는 경우와는 분명 다른 것이다.

자만은 지속적인 창조에
걸림돌이 된다

승리를 거둘 때가 가장 조심해야 할 때이다.
승리의 순간이 가장 위험한 순간이다.

– 나폴레옹 보나파르트

가장 위험한 성공은 실패의 경험 없이 한순간에 찾아든 성공이다. 실패의 과정이 별로 없는 성공은 자신의 능력을 맹신하게 만든다. 성공했던 그 비결을 패턴으로 인식하고 다음번에도 그것을 똑같이 반복하려 든다. 하지만 상황은 언제나 변하기 마련이다. 사물과 현상은 언제든지 정반대로 나타날 수 있다. 계속 같은 방법으로 나아가면 낭패를 보게 된다. 지금의 성공은 자신의 실력이 아닌 다른 것에 의해 좌우된 것일 수도 있다. 자만에 빠져 감정에 치우치게 되면 무리한 도전을 하게 되고, 다른 사람을 함부로 모욕하게 된다. 주변에 적을 만들기도 쉬워진다.

성공의 순간, 우리는 들뜬 감정을 잠시 추스르고 '평균 회귀의 법칙'을 기억해 내야 한다. 시도가 적으면 그만큼 평균에서 벗어나는 극단치를 보이는 사례가 등장하기 마련이다. 시험에서 한 번 50점을 맞았던 사람이 다음 시험에서 80점을 맞을 수는 있다. 하지만 시험의 횟수가 증가할수록 그 결괏값이 점차 평균에 가까워지게 된다. 시험을 20번 정도 치른 상태에서 평균이 70점이 나왔다면 그의 실제 실력은 70점 수준이라고 보아야 한다. 이것이 바로 '평균 회귀의 법칙'이라는 것이다.

성공을 거머쥐기까지의 실패의 과정은 참으로 중요하다. 메타인지를 기르려면 평소에 다양한 시도를 해 보고 작은 실패들을 많이 겪어 보는 것이 중요하다. 수많은 실패를 겪어 본 사람은 자신의 성공을 좀 더 객관적인 관점에서 바라볼 줄 안다. 순수한 자신의 실력이 작용한 결과인지, 다른 환경적 변수가 타이밍 좋게 맞아떨어진 경우인지, 운 좋게도 자신의 실력이 평소보다 훨씬 크게 발휘된 경우인지 객관적으로 분석하고, 다음의 시도에 반영한다. 그래서 사소한 실패의 반복은 우리를 더욱더 지혜로운 사람으로 단련시킨다.

겸손이라는 것은 거만한 자신의 속마음을 애써 얼굴 가죽으로 가리는 것이 아니라, 실제로 자신의 실력을 파악하고 내면에서부터 대비하는 것이다.

인생을 살면서 우리는 크고 작은 수많은 시도를 한다. 하지만 우리의 기억 속에는 언제나 성공했던 기억보다는 실패했던 기억이 더 많다. 그만큼 성공이라는 것은 인생에서 드물게 나타나는 것으로서, 개인의 역량뿐만 아니라 상황적인 운도 뒷받침되어야만 얻어질 수 있는 것이다.

실패의 두려움을 극복하고 다양한 시도를 하는 사람은 한 번쯤 큰 성공을 거머쥐게 되지만, 그들은 절대 자만하지 않는다. 여기서 말하는 자만은 스스로에 대한 믿음이나 용기와는 다르다. 자신의 한계를 미리 설정해 놓는 것과 자신의 한계를 객관적으로 들여다보는 것은 분명 다른 일이다. 자신에 대한 무한 신뢰와 자만은 결코 같은 말이 아니다.

현명한 사람들은 자신의 능력을 정확히 파악해서 선순환의 바람을 타고 더 높고 멀리 나아가지만 어리석은 사람들은 자신의 한계를 알아차리지 못하고 계속 악순환의 고리를 반복한다.

인공 지능(AI)의 시대와 인간 창조성

컴퓨터는 빠르고 정확하지만 멍청하다. 인간은 느리고 부정확하지만 뛰어나다.
둘이 힘을 합치면 상상할 수 없는 힘을 가질 수 있다.

– 알베르트 아인슈타인

오늘날 대다수의 일자리는 앞으로 인공 지능으로 대체될 가능성이 크다. 당신의 직업은 무엇인가? 당신의 일자리는 안녕한가? 인공 지능에 대체당하지 않기 위해서 어떠한 대비책을 강구했는가? 자녀 교육은 어떠한 방식으로 진행되고 있는가?

앞으로 인공 지능이 진입하여 인간을 대체할 수 있는 영역은 단순 사무 영역뿐만이 아니다. 의료, 법률, 금융 등 전문 지식이 필요한 분야에서도 인공 지능이 진출하여 인간을 대체할 것이라는 전망이 나오고 있다.

인공 지능이 수리적, 언어적 영역에서 인간을 앞서간다는 것은 누구나 아는 사실이고, 그러한 능력이 중시되는 분야의 직업이 대체될 것이라는 것은 충분히 예상해 왔던 것이다. 그러나 인공 지능이 인간의 학습 능력을 뛰어넘을 수는 있어도, 최소한 인간의 창의적 능력과 창조하는 능력만큼은 침범할 수 없을 것이라는 믿음이 있었다. 그래서 인공 지능에 대체되지 않는 방법으로 창의성을 기르는 것에 사람들은 주목하였다.

하지만 이제는 인공 지능이 음악, 그림, 문학 등 인간 고유의 창조적 능력이 필요하다고 여겨지는 예술의 영역까지 침범하면서 적지 않은 충격을 주었고, 위기감이 고조되고 있는 실정이다. 앞으로 인간의 창조성을 논할 때 인공 지능의 등장은 매우 큰 변수로 작용될 것이다.

2013년에는 인공 지능이 쓴 소설이 일본의 호시 신이치 문학상 공모전 1차를 통과했다. 2016년에는 인공 지능이 딥러닝 알고리즘을 통해 렘브란트의 작품에서 색채, 구도, 터치감과 같은 특징을 학습하고 마치 렘브란트가 살아 돌아와서 그린 듯한 작품을 만들어 내었다. 진짜 렘브란트가 그린 그림 사이에 섞어놓으면 구별이 가지 않을 정도다. 이제 우리는 인공 지능이 작곡한 음악도 들을 수 있다.

인공 지능 화가 '더 넥스트 렘브란트'가 렘브란트 화풍을 재현해 그린 초상화

그동안 예술이라는 것은 인간만이 할 수 있는 고유 영역으로 여겨져 왔다. 하지만 앞으로도 그럴 것인가? 인간의 창의적 노동 역시 인공 지능에 대체되지 않을까? 인간 창조성의 위기가 도래한 것인가?

필자는 인간의 창작행위 자체가 인공 지능에 대체될 것이라고 생각하지 않는다. 필자는 현대미술사에 선을 그었던 마르셀 뒤샹의 〈샘〉이라는 작품에서 인공 지능과 인간 창조성의 미래에 대한 영감을 얻는다.

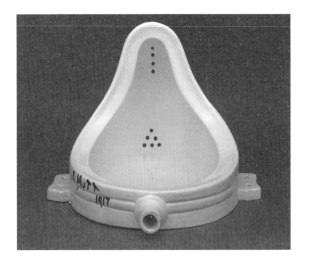

〈샘(Fontaine)〉1917

　마르셀 뒤샹은 시중에서 흔히 구할 수 있는 완제품 형태의 소변기를 뒤집어 놓고 'R. Mutt'라는 서명을 한 뒤 그것을 전시회에 내보낼 생각을 하였다. 당시로서는 그의 행동은 너무나 파격적인 것이었다.

　뒤샹은 남자 소변기에 어떤 가공도 하지 않은 이 작품을 뉴욕 그랜드 센트럴 갤러리에서 열린 독립미술가협회 전시회에 출품해 논란을 일으켰다.

에필로그

일상에서 흔히 볼 수 있는 물건을 가져와 새로운 제목과 관점 아래 그 쓰임새가 사라지도록 배치했다. 그 결과, 그 오브제에 대한 새로운 생각이 창조되었다.

- 마르셀 뒤샹

소변기 기능을 생각하지 않고, 그저 있는 그대로의 본질적 형태만을 바라볼 때 소변기의 매끄러운 표면과 부드러운 곡선은 실로 어느 추상 조각 작품과 비교해 보아도 전혀 손색이 없음을 알 수 있다. 당시의 미술계에서 작품이라는 것은 작품을 만들어 내는 작가의 숙련도와 땀방울, 그리고 독창성이 결합하여 탄생하는 것이었다. 하지만 마르셀 뒤샹은 당시 형식화된 미술 시스템에 대한 도발을 하였다. 즉 그의 독창성은 작품 그 자체가 아니라 관념, 즉 관점의 전환에 있었다. 마르셀 뒤샹의 파격적인 시도는 예술의 본질이 작품 자체가 아닌, 작품 너머 배후에 존재하는 관념에 있다는 미술사의 새로운 흐름을 만들어 내었다.

창의 노동의 본질은 기존 관점의 전환, 새로운 생각의 창조에 있고, 이러한 작업을 통해 (인간의 창조성을 극단의 경지까지 발휘하여) 세계의 사유관과 물리관을 변화시켜 인류 발전에 기념비적인 사건을 일으킨 위대한 인물들을 우리는 천재라고 부르는 것이다.

인공 지능의 발전은 오히려 인간에게 더욱 위대한 상상력과 창의적 능력을 요구한다. 오직 그러한 인간만이 인공 지능에 지배당하지 않고 인공 지능을 활용하여 더욱 극단의 창조성을 발휘할 수 있게 된다.

인공 지능이 제아무리 뛰어난 완성도의 작품을 쏟아내도 그것은 인간의 창조성과 구분된다. 인공 지능은 인간의 창조성을 흉내 낼 뿐이다. 선구자로서 새로운 세계를 이끌어 나가는 주체는 언제나 인간이다. 인공 지능은 학습한 것을 분석하여 결정을 내리고 작품을 만들어 낸다. 하지만 인간은 위대한 상상력을 바탕으로 검증되지 않은 새로운 영역을 개척한다. 이 부분은 인공 지능이 대체하기 어렵다.

또한 인공 지능이 제작한 음악, 그림, 문학 작품은 단번에 도출된 작품이 아니다. 인공 지능이 도출해 낸 작품을 인간이 선택하고 수정하는 작업을 거친 것이다.

창의 노동 자체가 사라지는 것이 아니다. 수많은 시간, 비용, 인력이 필요한 창작 활동을 개인 혼자서 할 수 있는 시대가 열리는 것이다. 인간과 기계는 창작 활동에 있어 공생의 길을 걸을 것이다. 작가는 글감을 수집하고 노트에 일일이 필기하여 영감이 필요할 때 다시 기억력에 의존해 찾아보는 방식에서 벗어날 수 있다. 작가는 인공 지능을 통해 글감 데이터를 손쉽게 얻을 수 있다. 이것은 디자이너도 마찬가지다. 결국 인공 지능은 인간이 창조적 상상력을 발휘하는 데 있어 표현의 제약을 극복하게 해 줄 훌륭한 도구이다. 우리는 인공 지능이라는 도구를 통해 창의 노동의 편리성을 증대시킬 수 있다.

결국 인간의 경쟁 상대는 인공 지능이 아니라, 인공 지능을 탑재한 또 다른 인간이다. 앞으로는 인공 지능을 능숙하게 다룰 줄 아는 변호사와 그냥 변호사, 인공 지능을 능숙하게 다룰 줄 아는 예술가와 그냥 예술가가 존재할 것이다.

물론 인공 지능이 무조건 좋고 아름다운 미래만을 보장한다고 볼 수는 없다. 우리는 인공 지능이 초래할 일자리 문제와 윤리적 문제에서 완전히 자유로울 수는 없다. 하지만 대한민국은 언제나 최첨단을 창조하고 주도하기보다는 이미 선진국에서 실현된 최첨단을 완벽하게 수용하여 경쟁력을 유지해 온 나라이기 때문에 인공 지능을 받아들일 것인가, 말 것인가에 대한 문제는 현재 대한민국 수준에서 걱정할 단계가 아니다.

경영학에는 혁신 수용과 혁신 저항이라는 개념이 있다. 사람들은 보통 이 두 개념을 완전 상반된 개념으로 생각한다. '혁신 수용'은 혁신을 빨리 받아들이는 그룹으로, '혁신 저항'은 혁신을 늦게 받아들이는 그룹으로 생각하는 것이다. 하지만 이 두 개념은 결과적으로 혁신을 수용한다는 점에서 차이가 없다. 두 개념의 핵심적 차이는 수용의 시점에 있다. 혁신을 빨리 받아들여서 경쟁력을 확보하느냐, 그러하지 못하고 뒤처지느냐의 차이가 있을 뿐이다. 세계를 선도하는 키는 결국 인공 지능에 달려 있고, 그것을 빨리 받아들여서 법과 제도를 정비하는 나라만이 세계의 경쟁력에서 우위를 확보할 수 있다. 이것이 현실이다.

습관적으로 인공 지능과 인간의 대결 구도를 상정해 놓고 미래를 염려하는 것은 우리를 엉뚱한 방향으로 이끌고 갈 가능성이 높다. 우리에게 별다른 실익을 주지 못한다.

인공 지능 시대의 교육

인공 지능이 인간보다 탁월하게 잘할 수 있는 부분은 수리와 언어 영역이다. 그동안 우리의 교육은 좌뇌의 일부만을 편애하였다. 좌뇌의 측두엽은 언어 중추로 말을 잘하고 외국어를 빨리 배우는 것과 관련이 있다. 좌뇌의 두정엽은 인간의 수리력, 연산력, 논리력을 관장하는 영역이다. 결국 우리나라에서 "머리가 좋다.", "공부를 잘한다."는 소리를 듣기 위해서는 좌뇌의 측두엽과 두정엽이 발달해야 유리하다. 모든 교육의 시스템과 평가 기준은 좌뇌의 일부에만 초점이 맞추어져 있다. 여기서 벗어나 있는 영재들은 영재임에도 범재 또는 명문대 진학을 위해 개선의 여지가 필요한 학생 정도로 취급을 받게 된다. 자신의 생각을 그림이나 몸으로 표현해 내는 능력이 뛰어난 학생, 엉뚱한 것을 상상하고 그것을 아름답게 표현해 낼 수 있는 능력이 뛰어난 학생은 철저하게 간과된다. 결국 사회가 요구하는 보편적 기준에 자신만의 고유한 성질을 희생시키고 마는 것이다.

창의성의 대가인 칙센트 미하이 교수는 한국 교육에 대해 "한국 교육은 지식을 전수하는 데는 강하지만 학생들의 호기심을 자극하는 교육은 제대로 이루어지지 못하고 있다."라는 평을 내놓았다. 단순 암기력, 수학적, 언어적 능력만으로 자신의 잠재력을 과대평가하거나 과소평가한다면 큰 낭패를 보게 될 소지가 높다.

언어적 능력과 수리적 능력, 그리고 학습 능력은 인공 지능이 인간에 비해 훨씬 뛰어나다. 인공 지능이 인간을 가장 먼저 대체할 수 있는 분야다. 결국 우리의 교육은 인공 지능에 쉽게 대체당할 어른들을 양산하기 위해 모든 투자와 노력을 다 하고 있는 꼴이다.

우리와 우리의 아이들은 미래에 대한 대비를 해야 한다. 학교 교육을 따라가면서도 우뇌의 기능을 활성화해야 한다. 우리는 과학적이고 논리적이면서도 인문적이고 사회적이며 예술적인 사람이 되어야 한다. 세상에 존재하지 않지만 앞으로 사람들에게 필요한 것들을 상상해 내야 한다. 이미 세계적 엘리트의 자제들은 인문학을 공부하면서 스스로 생각하는 힘을 기르고 있고, 다양한 창작 활동을 통해 자신의 고유성을 표현해 내는 교육을 받고 있다. 반면, 중산층의 자녀들은 명문대에 진학하기 위해 이미 답이 정해진 문제의 답을 찾아내는 것을 최고의 재능으로 알고 그 능력을 기르기 위해 최선을 다하고 있다. 누가 미래를 주도하고, 누가 미래에 도태될 것인가?

인공 지능은 인간에게 더욱 위대한 상상력과 창조성을 요구한다. 인간의 위대한 상상력과 공감력은 인공 지능을 통해 더욱 극대화된 창조성으로 나타난다.

참고한 국내 문헌

《창의성의 발견》, 최인수, 쌤앤파커스, 2011

《다르게 생각하는 연습》, 박종하, 새로운제안, 2016

《창의성이 없는 게 아니라 꺼내지 못하는 것입니다》, 김경일, 샘터, 2019

《내 안의 천재적 이기성을 깨워라》, 이성훈, 다연, 2020

참고한 국외 문헌

《생각의 탄생》, 로버트 루트번스타인/미셸 루트번스타인 (박종성 역), 에코의 서재, 2007

《다중지능》, 하워드 가드너 (문용린 역), 웅진지식하우스, 2007

《권력의 법칙》, 로버트 그린 (안진환, 이수경 역), 웅진지식하우스, 2009

《천재의 원칙 46》, 마티 뉴마이어 (유지훈 역), 위키미디어, 2014

《오리지널스》, 애덤 그랜트 (홍지수 역), 한국경제신문사, 2016

《크리에이터의 생각법》, 폴 슬론 (강유리 역), 현대지성, 2018

《천재들의 창의력》, 로드 주드킨스 (마도경 역), 새로운제안, 2018